GERMINIE LACERTEUX

PIÈCE EN DIX TABLEAUX

PRÉCÉDÉE D'UN PROLOGUE ET SUIVIE D'UN ÉPILOGUE

Représentée pour la première fois, à Paris

sur le Théâtre national de l'Odéon,

le 18 décembre 1888.

17302. — Imprimeries réunies, A, rue Mignon, 2, Paris.

EDMOND DE GONCOURT

GERMINIE
LACERTEUX

PIÈCE EN DIX TABLEAUX

PRÉCÉDÉE D'UN PROLOGUE ET SUIVIE D'UN ÉPILOGUE

Tirée du Roman

D'EDMOND ET JULES DE GONCOURT

PARIS.

G. CHARPENTIER ET Cᵗᵉ, ÉDITEURS

11, RUE DE GRENELLE, 11

1888

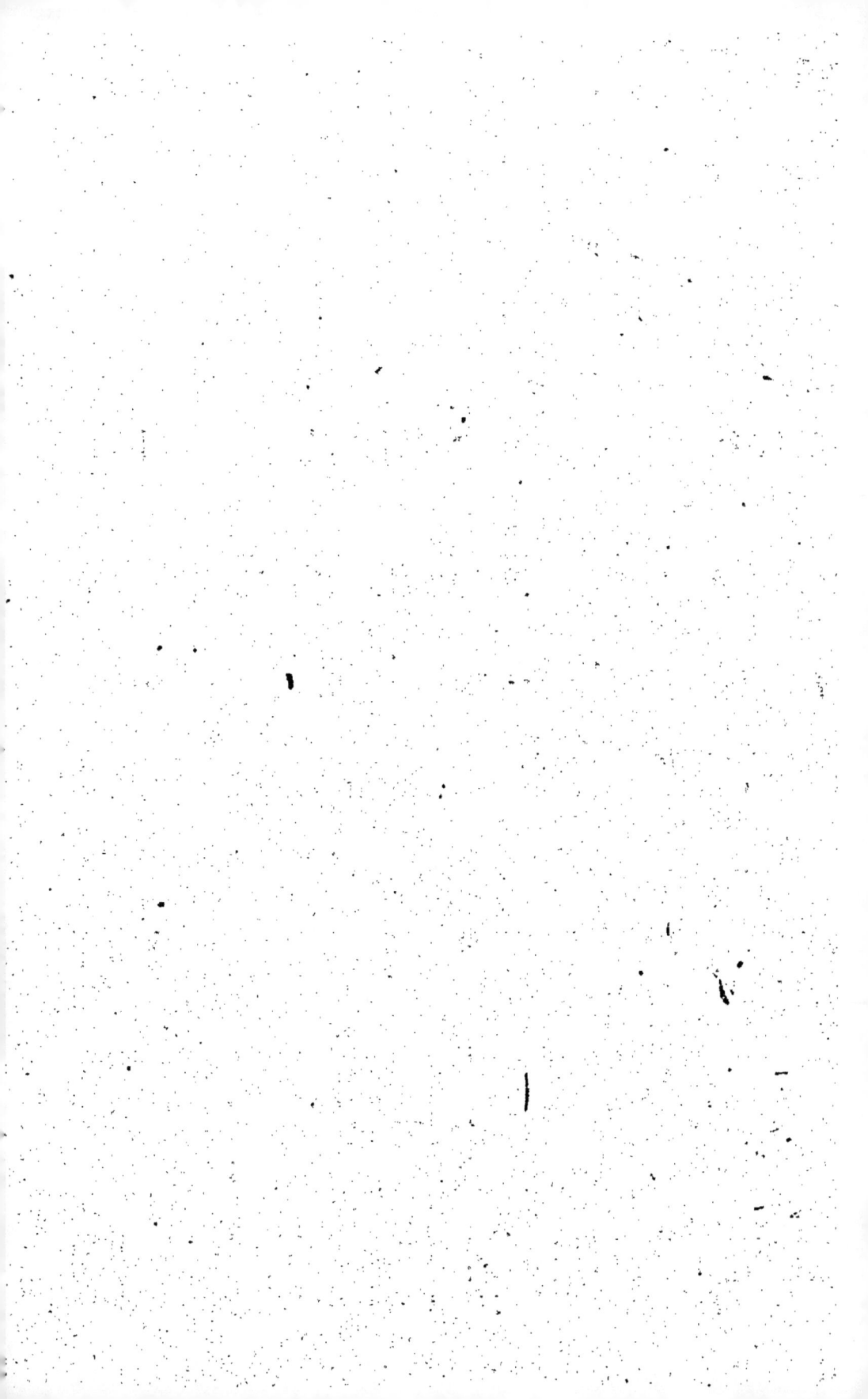

A POREL

Au directeur qui a eu la pensée de reprendre HENRIETTE MARÉCHAL, la bravoure de jouer GERMINIE LACERTEUX.

EDMOND DE GONCOURT.

PRÉFACE [1]

Dans la préface en tête de notre *Théâtre*, je disais qu'à mon sens, le théâtre était le cadre de féeries, de grandes comédies satiriques, enfin d'imaginations, sans le besoin d'une vérité rigoureuse ; je disais que le théâtre, en raison de sa convention et de son mensonge, n'était apte qu'à produire des croquades de mœurs, et ne pouvait rien offrir de la réalité contenue dans les sérieuses études du roman contemporain ; et j'ajoutais que

[1] J'imprime la pièce, telle que je l'ai conçue, telle que je l'ai écrite. A la lecture, Porel me demandait, sans l'exiger, de supprimer l'acte du Bois de Vincennes, dont le comique pouvait être un danger auprès du public rêche des premières, en face d'une tentative révolutionnaire au théâtre. J'y consentais volontiers, me réservant d'imprimer la pièce, et avec l'espérance que si la pièce avait un succès, cet acte qui était un morceau physiologique de la vie de Germinie, serait joué un jour.

Plus tard, au cours des répétitions, Porel me demandait le sacrifice du prologue, ce récitatif entre les deux femmes, la représentation de la vie moderne sur les planches, je ne voyais guère possible de la rendre plus réelle, qu'au moyen d'une langue parlée moins *livresque*, et d'une peinture des sentiments d'après des souvenirs plus *vécus*.

Mon opinion toutefois n'était pas faite d'une manière absolue, et je réfléchissais beaucoup — et tout en n'ayant aucune idée de redevenir auteur dramatique — j'étais fort préoccupé de ce nouveau théâtre de l'heure présente, qui tend, de jour

qu'il trouvait une scène froide, et dont le commencement du premier tableau lui semblait une répétition. J'avoue que j'étais et que je demeure d'un avis tout différent. Ce prologue était l'histoire d'un passé nécessaire à l'explication du caractère des deux femmes, et il avait l'immense avantage de tenir longtemps, de faire *mariner*, pour ainsi dire, les esprits du public, dans de la vertu, de l'honnêteté, du sublime bourgeois, avant de les amener à des scènes triviales, *canaille*. Mais je trouvais chez Porel une conviction si arrêtée, que le prologue nuisait à la pièce, et une figure si malheureuse, quand je m'obstinais à le vouloir, ce prologue, que je cédais encore.

Des amis se sont étonnés de ces concessions de ma part, moi qu'on avait reconnu si répulsif à toutes concessions dans mes livres. J'ai donc à leur dire « que si j'étais plus jeune, j'aurais peut-être attendu... mais je n'ai plus le temps d'attendre... et une pièce imprimée, il faut le reconnaître, est absolument comme si elle n'était pas, j'en sais quelque chose par LA PATRIE EN DANGER... puis la pièce de GERMINIE LACERTEUX, telle qu'elle est, même avec l'amputation de son prologue et de l'acte cité, quel est le directeur de Paris qui oserait la jouer? et vraiment je dois de la reconnaissance à Porel, de l'oser ! »

en jour, à devenir uniquement, tant bien que mal, une adaptation du roman à la scène.

En cette préoccupation, lors de la reprise d'HENRIETTE MARÉCHAL, un jour Porel me dit :

« Savez-vous une idée fixe que j'ai, ce serait de voir votre GERMINIE LACERTEUX au théâtre... à l'Odéon.

— GERMINIE LACERTEUX au théâtre... diable ! pour un directeur, vous me semblez un brave !... Mais, moi aussi, je serais assez curieux de la voir jouée... seulement le théâtre que j'ai jusqu'à présent fait, je ne l'ai pas tiré de mes livres... entre nous, je trouve cette double mouture médiocre... Découvrez-moi quelqu'un... mais un *littéraire*. »

La chose en resta là.

Plus tard, au cours des répétitions de RENÉE MAUPERIN, la GERMINIE revint dans nos conversations avec Porel.

Il me demanda à faire la pièce moi-même, et dans ces longs après-midi passés ensemble, dans ce travail à deux de la mise en scène, enfin dans cette fascination, disons-le, qui se dégage de l'existence théâtrale, je me laissai aller à lui promettre de la faire, en dépit de mes fières idées de quelques années avant, sur la *double mouture* — me défiant, hélas, aujourd'hui, de mon imagination de sexagénaire, et persuadé que je ne trouverais plus un *tremplin dramatique*, comme il s'en trouve un dans mon vieux roman.

Je me mis donc à écrire GERMINIE LACERTEUX, mais des indispositions, des petites maladies, interrompirent plusieurs fois le travail commencé, et je ne pouvais lire la pièce qu'à la fin de janvier 1887.

Or, mes réflexions, lorsque je commençai la pièce, m'avaient amené à avoir la conviction, que si l'on ne pouvait pas créer un théâtre absolument vrai, on pouvait fabriquer un théâtre plus rapproché du livre, un théâtre pouvant être considéré comme la vraie adaptation du roman au théâtre. Et le secret de cette révolution était simplement pour moi dans le remplacement de l'acte par le tableau, dans le retour franc et sincère à la forme théâtrale shakeaspérienne.

En effet l'acte est pour moi la combinaison scénique la plus besoigneuse de convention, la combinaison encourageant le mieux l'ingéniosité du petit auteur dramatique contemporain, la combinaison resserrant et comprimant une action dans une sorte de gênante unité, descendant des vieilles unités de nos vieilles tragédies, la combinaison défendant aux situations d'une œuvre dramatique de se développer dans plus de trois, quatre, cinq localités, et faisant entrer de force des choses et des individus dans un compartiment scénique qui n'est pas le leur, et amenant dans des milieux invraisemblables des personnages de toutes les classes, de toutes les positions sociales. Un exemple qu'on me permettra de prendre chez moi. Dans la pièce de GERMINIE LACERTEUX, charpentée par un homme qui a le secret du théâtre, par un vrai, par un pur *carcassier*, Mlle de Varandeuil apparaîtrait nécessairement au bal de la Boule Noire. Eh bien, je le déclare, mon carcassier eût-il trouvé une imagination de génie pour l'y amener, je déclare d'avance la trouvaille imbécile.

J'ai donc distribué GERMINIE LACERTEUX en tableaux, mais en tableaux non à l'imitation des actes, ainsi qu'on a l'habitude de le faire, en tableaux donnant un morceau de l'action dans toute sa brièveté : fût-il composé de trois scènes, de deux scènes, même d'une seule et unique scène.

Et cette distribution a été faite dans l'idée que la pièce serait jouée sur un théâtre machiné à l'anglaise, avec des changements à vue sans entr'actes, ou tout au moins avec des *baissers* de rideau très courts — et aussi avec l'espoir, au milieu de la pièce, d'un repos, d'un grand entr'acte d'une demi-heure, à la façon des concerts, des cirques et des trilogies de Wagner.

Edmond de GONCOURT.

Février 1887.

Je ne veux pas finir cette préface, sans remercier les vaillants interprètes de Germinie Lacerteux. Et d'abord exprimons toute ma reconnaissance à Mlle Réjane, qui — malgré toute la honte qu'on a cherché à lui faire éprouver d'être descendue à un rôle aussi bas — a bien voulu me faire l'honneur de jouer ce rôle, ce rôle où se révèle l'actrice du dramatique simple, la grande actrice du théâtre moderne, en ce moment dans l'enfantement, et dont les futurs auteurs aspireront, je puis le prédire, à être joués uniquement par elle. Et c'est Mme Crosnier qui, sous le nom de Mlle de Varandeuil, a fait revivre à mes yeux la physionomie de ma vieille cousine de Courmont, la noble femme aux sentiments élevés, au cœur *aristo*, à la langue peuple. C'est Mme Raucourt, qui représente d'une manière si hautement et si originalement comique, l'hypocrisie pleurarde de la mauvaise et fausse femme d'en bas. C'est Mlle Dheurs avec sa beauté blonde et l'entrain de ses jovialités de bonne et grosse fille de barrière.

Et les hommes maintenant ! Dumeny le merveilleux *monsieur en habit noir* d'Henriette Maréchal, sous cette physionomie de joli roux cruel, qu'il a inventée d'après un dessin de l'*Oiseau de passage* de Gavarni, rend-il bien la blague amère, l'ironie gouailleuse, le *schopenhauérisme* du ruisseau parisien d'un Jupillon. Et Colombey, lui, dans ce bout de rôle, est-ce assez la perfection

d'une fin d'ivresse, où reviennent encore les ren-
vois du vin mal cuvé : un bout de rôle si éton-
namment joué, qu'il me fait, à l'heure, vivement
regretter la suppression du tableau du Bois de
Vincennes — car avec les gens qui ont le talent
nature de Colombey, les choses dangereuses au
théâtre ne le sont plus.

Et tous enfin, et Vandenne l'amusant voyou de
la Boule Noire, et Montbars dans son rôle de
portier, voleur et patelin, et Mlles Mercédès et
Legrand en leurs silhouettes et leur méchanceté
de gosier d'engueuleuses de bals publics, et tout
le charmant petit bataillon des *fifilles*, depuis
Mlle Léocadie, mon actrice de cinq ans, jusqu'à
Mlle Duhamel, qui miment si gentiment les rires,
les exclamations, les jacasseries d'un bruyant
dîner d'enfants.

Mais parlant des acteurs et des actrices de cette
pièce, je serais incomplet, si je ne faisais un rien
l'éloge du grand metteur en scène, qui se nomme
Porel, et qui sait apporter dans les attitudes, les
poses, les mouvements des corps d'hommes et de
femmes dont il a la direction, tant de ressouvenirs
de la vie morale des gens, tant de choses vraiment cérébrales, — qui dote enfin un rôle d'une
partie psychique, que je ne rencontre sur aucune
autre scène.

                                          E. de G.

Décembre 1888.

PERSONNAGES

Jupillon...................... .	MM.	Dumeny.
Médéric Gautruche...............		Colombey.
Le portier................		Montbars.
Un sergent de ville............		Duparc.
Un petit voyou.		Vandenne.
Un Saint-Cyrien..............		Gauthier.
Un individu..................		Numa.
Germinie......	Mmes	Réjane.
Mlle de Varandeuil...............		Crosnier.
Mme Jupillon..................		Raucourt.
La grande Adèle................		Dheurs.
Glaé.........................		Bertrand.
Mélie........................		Mercédès.
Une créancière.......		Noémie.
La femme de ménage.............		Méret.
Mlle de la Rochedragon..........		Duhamel.
La fifille a la robe blanche		Petite Jeanne.
La fifille aux bretelles roses....		Petite Duhamel.
La fifille a la robe écossaise.....		Petite Duparc.
La fifille a la robe grise........		Petite Alice.
La fifille a la Berthe...........		Petite Fernande.
La Jésus.....................		Petite Léocadie.
Une petite gamine...............		Petite Pauline.

Pour la mise en scène, s'adresser à M. Fourcault, Régisseur
général de l'Odéon.

PROLOGUE

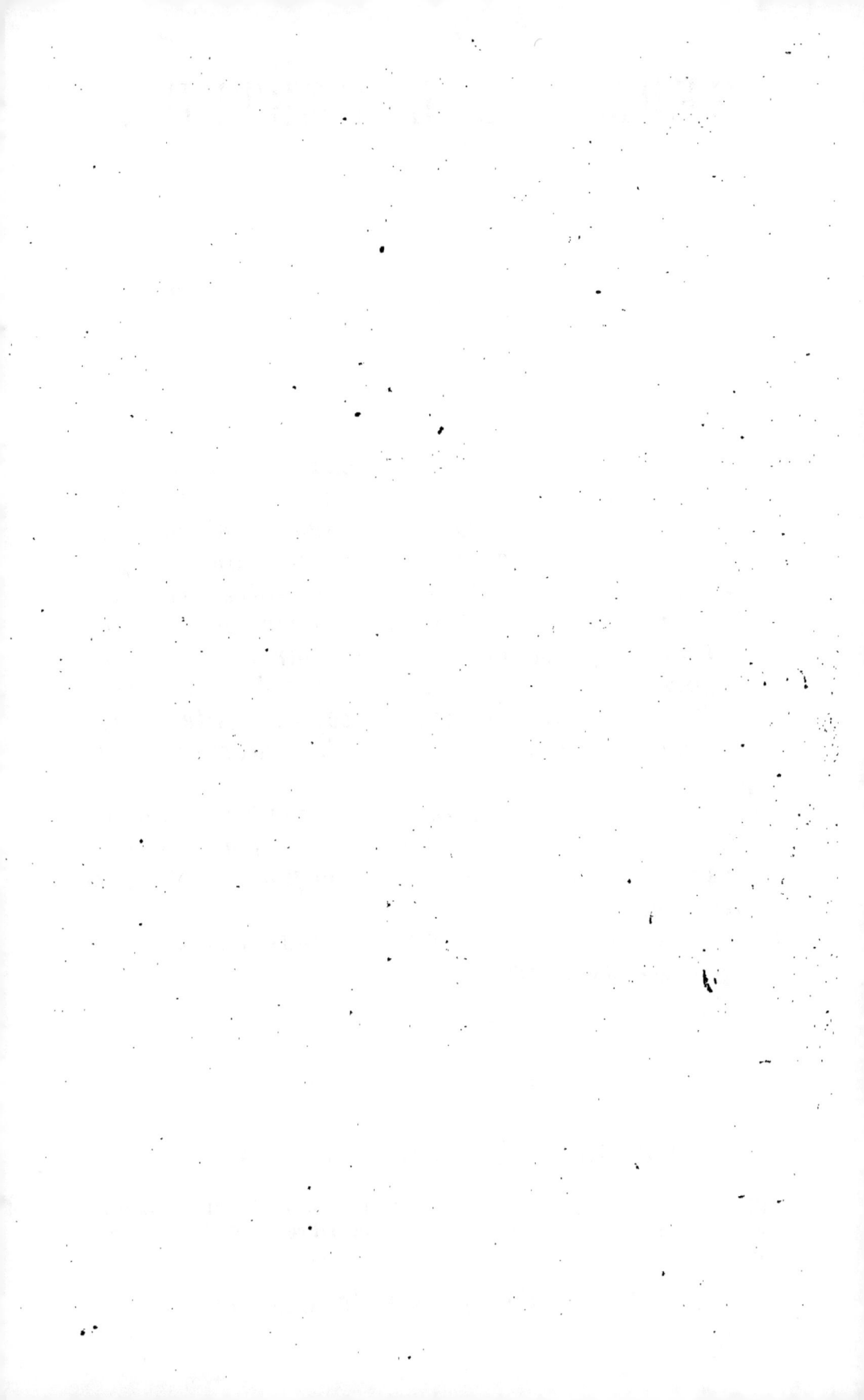

GERMINIE LACERTEUX

PROLOGUE

Une chambre, où une fenêtre montre un morceau de ciel coupé par trois tuyaux de cheminée en tôle. Sur la cheminée, entre deux flambeaux de plaqué, une pendule au grand cadran dans une boîte d'acajou. Près de la cheminée, un fauteuil Voltaire, recouvert d'une tapisserie à dessins de damier, que font les vieilles filles presque aveugles. Sur une commode Empire, dans un porte-montre fait d'une statuette du Temps fauchant dans l'espace, une petite montre au chiffre de diamant sur émail bleu, entourée de perles.

Et dans cette chambre, une vieille femme en un lit, où au fond se voit un portrait d'homme à l'habit de satin vert, à la cravate lâche et flottante des premières années de la Révolution.

Une fin de journée, éclairée par un jour devenant peu à peu crépusculaire.

SCÈNE PREMIÈRE

MADEMOISELLE DE VARANDEUIL, GERMINIE.

GERMINIE, revenant de fermer la porte sur le médecin, et couvrant de caresses, sur les couvertures, le corps de sa maîtresse, et s'écriant dans un cri de joie :

Sauvée ! Vous voilà donc sauvée, mademoiselle !

MADEMOISELLE DE VARANDEUIL, se soulevant dans son lit (1) e prenant silencieusement la tête de Germinie dans ses deux mains, la serrant contre son cœur et disant dans un soupir :

Allons... il faut donc vivre encore... (Puis, au bout d'un instant de silence, retirant ses mains mouillées sous les baisers de sa bonne.) Eh bien, voilà ma bête qui pleure maintenant !

GERMINIE.

Ah ! ma bonne mademoiselle... Je voudrais toujours pleurer comme ça... c'est si bon... c'est si bon... ça me fait revoir ma pauvre mère et tout... si vous saviez.

MADEMOISELLE DE VARANDEUIL, fermant les yeux pour écouter.

Dis-moi ça...

GERMINIE.

Ah ! ma mère ! (Un silence, puis d'une parole précipitée.) La chère femme ! Je la revois, la dernière fois qu'elle est sortie... pour me mener à la messe... un 21 janvier, je me rappelle... On lisait dans ce temps à l'église le testament du roi Louis XVI... Oui-dà, qu'elle en a eu des maux pour moi, maman ! Elle avait quarante-deux ans, quand elle a été pour m'avoir... papa l'a fait assez pleurer !... Nous étions déjà trois, et il n'y avait pas tant de pain à la maison... Et puis, il était fier comme tout, papa ! Nous n'aurions eu qu'une cosse de pois, qu'il n'aurait jamais voulu des secours du curé... Oh non, on ne mangeait pas tous les jours du lard chez nous... Eh bien, tout

(1) Mademoiselle de Varandeuil pourrait être couchée sur une chaise longue. pour qu'il n'y ait pas une répétition de scènes jouées dans un lit, au tableau de l'hôpital.

ça faisait que maman m'aimait un peu plus, et elle trouvait toujours, dans des coins, un rien de graisse ou de fromage pour mettre sur mes tartines... Je n'avais pas cinq ans, quand elle est morte.

MADEMOISELLE DE VARANDEUIL.

Tu ne m'avais jamais rien dit de tout ça, ma pauvre chère fille.

GERMINIE.

Je craignais que ça n'intéressât pas mademoiselle... des choses arrivées à une domestique..., puis il faut des jours de bonheur comme celui-ci, pour que tout ce qu'on a au fond du cœur, ça sorte dehors... Cette mort, vous le pensez bien, mademoiselle, fut notre malheur à nous... J'avais bien un grand frère qui était blanc comme un linge avec une barbe toute jaune... On lui avait donné des noms... Les uns au village l'appelaient Boda, je ne sais pourquoi, les autres Jésus-Christ... Ah! c'était un ouvrier, celui-là... Il avait beau avoir une santé de rien du tout... au petit jour il était déjà à son métier... parce que nous étions tisserands, faut vous dire... et il ne démarrait pas avec sa navette jusqu'au soir... Et honnête avec ça, si vous saviez, on venait de partout pour lui apporter son fil, et sans jamais le peser... Mon père, lui, c'était autre chose... Il travaillait un moment, une heure... et puis il s'en allait dans les champs... et quand il rentrait, il nous battait et fort... Il était comme fou... On disait que c'était d'être poitrinaire... Heureusement qu'il y avait là mon frère... Il empêchait ma seconde sœur de me tirer les cheveux et de me faire du mal... parce qu'elle était jalouse... et il me prenait toujours par la main, pour aller voir jouer aux quilles... Enfin,

1.

pour ma première communion... Mais je vous ennuie,
je vous fatigue, mademoiselle, avec mes rabâchages.

MADEMOISELLE DE VARANDEUIL.

Non, ma fille, raconte toujours... ça m'amuse de
t'entendre.

GERMINIE.

Ah oui, pour ma première communion, il en donna
fièrement des coups de battant... On ne saura jamais
ce qu'il jeta à bas d'ouvrage, pour que je fusse comme
les autres, avec une robe blanche où il y avait un
tuyauté, et avec un petit sac à la main, on portait alors
de ça... Je n'avais pas de bonnet... je m'étais fait, je
me souviens, une jolie couronne avec des faveurs, et
de la moelle blanche qu'on retire en écorçant de la
canette... Il y en a beaucoup chez nous dans les
places où on met rouir le chanvre.

MADEMOISELLE DE VARANDEUIL.

Voyez-vous la petite coquette.

GERMINIE, lui embrassant les mains et continuant.

Ç'a été un de mes beaux jours, ce jour-là... avec le
tirage des cochons à Noël, et les fois où j'allais pour
aider à accoler la vigne... Il y eut, en ces années-là,
une année bien dure, vous rappelez-vous, mademoiselle, la grêle de 1828 qui perdit tout... Ça alla ju-
qu'à Dijon et plus loin... on fut obligé de faire du
pain avec du son... Chez nous, il faisait plus souvent
faim qu'autre chose... Moi, quand j'étais dans les
champs, je regardais si on ne me voyait pas, puis je
me coulais tout doucement sur les genoux, et quand
j'étais sous une vache, j'ôtais un de mes sabots, et je

me mettais à la traire. Dame, il n'aurait pas fallu qu'on me prît... Ma plus grande sœur était en service chez le maire de Lenclos, et elle envoyait à la maison ses quatre-vingts francs de gages. La seconde travaillait à la couture chez les bourgeois, mais ce n'étaient pas les prix d'à présent alors... on allait de six heures du matin jusqu'à la nuit pour huit sous. (Germinie va à la cheminée, rassemble le feu, le rallume, jetant, agenouillée, les phrases qui suivent, et qu'elle coupe par les soins donnés au feu.) La malechance nous tombait de tous côtés... Mon père vint à mourir... Il avait fallu vendre une petite vigne qui, tous les ans, nous donnait un tonneau de vin... Les notaires : ça coûte... Quand mon frère tomba malade, il n'y avait rien à lui donner à boire que du *râpé*, sur lequel on jetait de l'eau depuis un an... Et puis il n'y avait plus de linge pour le changer : tous nos draps de l'armoire où il y avait une croix d'or dessus, du temps de maman, c'était parti... et la croix aussi. (Elle revient s'asseoir sur la chaise au pied du lit.) Mais je ne vous ai pas dit... voilà ce qui était arrivé avant ce temps de misère... Mon frère, déjà malade, s'en va à la fête de Clefmont. Il entend dire que ma sœur a fait sa faute avec le maire, où elle était. Il tombe sur ceux qui disaient cela... il n'était guère fort... Eux, ils étaient plusieurs, ils le jetèrent par terre, et ils lui donnèrent des coups de talon de sabot dans le creux de l'estomac... On nous le rapporta comme mort... Le médecin le remit pourtant sur pied et nous dit qu'il était guéri. Mais il ne fit plus que traîner... Je voyais qu'il s'en allait, moi... à la manière dont il m'embrassait... Quand il fut mort, le pauvre cher pâlot, il fallut que Cadet Ballard y mît toutes ses forces pour m'enlever de dessus son corps. (Elle se met à pleurer.)

MADEMOISELLE DE VARANDEUIL.

Pleure, pleure, va, ma fille.

GERMINIE, reprenant son récit, avec des paroles d'abord coupées
par des sanglots.

Ma sœur n'avait pu garder sa place chez ce maire,
à cause des propos qu'on tenait, et elle était partie
se placer à Paris... mon autre sœur l'avait suivie...
Je me trouvais toute seule... Une cousine de ma mère
me prit alors avec elle à Damblin... mais j'étais toute
déplantée là... Je passais la nuit à pleurer, et quand
je pouvais me sauver, je retournais toujours à notre
maison... Rien que de voir, de l'entrée de la rue, la
vieille vigne à notre porte, ça me faisait un effet!
il me poussait des jambes... Les braves gens qui
avaient acheté la maison, me gardaient jusqu'à ce
qu'on vînt me chercher... on était toujours sûr de me
retrouver là... A la fin, on écrivit à ma sœur de
Paris, que si elle ne me faisait pas venir auprès d'elle,
je pourrais bien ne pas faire de vieux os... Le fait est
que j'étais comme de la cire... On me recommanda
au conducteur d'une petite voiture qui allait tous les
mois de Langres à Paris, et voilà comment je suis
venue ici... J'avais alors quatorze ans... Je me rappelle que pendant tout le voyage, je couchai tout
habillée, parce que l'on me faisait coucher dans la
chambre commune. En arrivant, j'étais couverte de
poux...

MADEMOISELLE DE VARANDEUIL, secouant son attendrissement,
et d'une voix un peu rude.

Ah! c'est là ton histoire, ma pauvre diablesse...
Eh bien, écoute la mienne... Moi, moi, que tu vois
dans ce logement de deux sous, dans cette chambrette
d'ouvrière, je suis née dans un hôtel de la rue Royale,

et Mesdames de France m'ont tenue sur les fonts baptismaux. (A Germinie.) Oui, un second oreiller sous moi. Bien, merci... Par exemple, du côté du physique, le Tout-Puissant ne m'a pas gâtée, sac à papier, je suis née laide, très laide, ce que je suis restée toute ma vie... et déjà avec ce grand nez, ridicule dans une figure alors grosse comme le poing... Et des parents, grand Dieu, à l'image de mon physique...Une mère... tout le souvenir que j'en ai, c'est la minute du matin où l'on me menait l'embrasser (Elle fait le geste), l'embrasser, vois-tu, sous le menton, de peur de déranger son rouge...Un père. (Elle montre le portrait du fond de son lit.) Hein, ces sourcils noirs, ces traits qui ne plaisantent pas... Ce n'est pas la figure d'un père tendre, n'est-ce pas?...Alors presque aussitôt, la Révolution...Et dès le commencement, nous tous réfugiés dans les communs d'un hôtel qu'autrefois avait possédé la famille... et moi allant écouter par une lucarne, tous les soirs,*la liste des gagnants à la loterie de la Sainte Guillotine*... moi pauvre fillette, en train de devenir une femme, et croyant à chaque coup, frappé à la porte, qu'on venait prendre mon père pour le mener place de la Révolution, où mon oncle avait déjà eu le cou coupé. (Un silence.) Puis bientôt le temps est venu de conquérir son pain presque de force, à la porte des boulangers... dans le froid... parmi l'écrasement de la foule... Oui, oui, pour manger, il fallait faire queue, dès les trois heures du matin... Et tu comprends, ma fille, mon père craignant d'être reconnu... mon frère encore trop petit... c'était à moi que ça revenait d'aller à la queue... Ah! j'étais comique à voir, avec mon petit corps de chat maigre, perdu dans un grand gilet de tricot de mon père, un bonnet de coton enfoncé jusqu'aux yeux, attendant, au milieu des bousculades et des poussées, le moment où la boulangère de la rue des Francs-Bourgeois me mettait dans la main un morceau de pain, que mes doigts, tout raidis d'onglée, avaient peine à saisir. (Un silence, duquel mademoiselle de Varandeuil sort par un rire sonore d'ironie.) Parfois, dans ces chiens de temps, des jours vraiment comiques... des jours comme celui où mon père, pour s'assurer tout à fait la vie sauve, s'avisa de demander à Chaumette un rendez-vous, et lui déclarant que je n'étais qu'ondoyée, le pria de me faire inscrire sur les registres de la municipalité, sous un nom choisi par lui... Oh ! les singulières matrones qui m'examinèrent la gorge dans un cabinet de la municipalité, et le satané discours patriotique que prononça Chaumette, dans la grande salle des Déclarations... au bout de quoi me resta le nom de Cornélie, mère des Gracques... un nom bien énorme pour ma gringalette de personne...

Un long silence.

Et toutes les privations... et la vie d'une pauvresse, quand un peu de fortune nous est revenue après Thermidor... et pas une affection, une tendresse, quelque chose parlant au cœur... et un père qui a voulu faire, un moment, de moi la servante de sa bonne...

GERMINIE.

Ah, ma pauvre demoiselle !

MADEMOISELLE DE VARANDEUIL, qui s'est tue, après un silence.

Pauvre demoiselle dis-tu... oui, tu dis bien... Puis enfin est morte celle que j'ai aimée comme une fille qu'auraient fabriquée mes entrailles... celle dont je t'ai parlé si souvent et qui mourut encore bien jeune de la poitrine... la *Poule*, comme je l'appelais... Donne-moi sa montre, que je la tienne dans mes mains.

(Germinie va chercher la montre sur la commode et la remet à mademoiselle de Varandeuil.) Ce qu'on s'attache à une malade avec laquelle on se chambre, de midi à six heures, pendant quatre ans... et tous les jours, en disant au diable à ses rhumatismes, à sa goutte, à tous ses maux de vieille femme... Oh! le déchirement de mon cœur... quand j'eus baisé le cercueil de la morte pour l'embrasser une dernière fois...

Un silence.

Non, non plus, autour de moi, que des visages lointains, de pâles têtes chéries, qui vont s'effaçant...

Un silence.

Maintenant tous ceux que j'ai aimés sont sous terre... et mes visites, c'est celles que je fais à Montmartre, n'est-ce pas, ma fille, tu le sais, toi qui m'y accompagne toutes les semaines...

GERMINIE, parlant avec la lenteur d'une personne qui revoit une scène qu'elle raconte.

Oui... oui... c'est le bon jour de mademoiselle, ce jour-là... Ah, il ne faut pas être en retard... Je ne sais comment s'arrange mademoiselle, mais elle est prête dès _patron minette_... Et le pliant, espèce de tête à l'envers, me dites-vous, que je suis déjà descendue à moitié de l'escalier... Dieu merci, nous sommes dans la rue... et au bout d'un bon gros quart d'heure chez la marchande de couronnes, qui, l'hiver, vous apporte sa chaufferette sous les pieds... Un moment mademoiselle se repose dans la boutique... Et nous voilà, ayant passé la porte du cimetière et prenant à gauche du cèdre de l'entrée... Là, mademoiselle va faire sa visite à chacune de ses tombes... Ah! mademoiselle ne s'imagine pas le temps qu'elle reste, assise sur son pliant, la figure toute chose, occupée à détacher, du bout de son ombrelle, les petites mousses de la pierre.

SCÈNE II

MADEMOISELLE DE VARANDEUIL, GERMINIE, LE GARÇONNET (*Jupillon*).

Un coup frappé à la porte, et là-dessus entre un garçonnet, à l'air effronté, vêtu de la blouse noire de Saint-Nicolas, et tenant à la main un pot de fleurs.)

LE GARÇONNET.

Maman a eu connaissance que mademoiselle était en convalescence et elle lui envoie des fleurs.

MADEMOISELLE DE VARANDEUIL.

Merci, gamin. (A Germinie.) Donne-lui une pièce blanche et embrasse-le pour moi.

GERMINIE, à part.

Ce moutard, quand on l'embrasse... déjà ça regarde la femme dans le fond des yeux.

SCÈNE III

MADEMOISELLE DE VARANDEUIL, GERMINIE.

GERMINIE, revenant à sa maîtresse, qu'elle trouve absorbée dans ses pensées, et au bout d'un moment pendant lequel elle arrange ses couvertures.

Je laisse mademoiselle... Mademoiselle est dans ses réflexions...

MADEMOISELLE DE VARANDEUIL, sans parler, lui tendant sous la bouche une main que GERMINIE baise pieusement.

PREMIER TABLEAU

PREMIER TABLEAU

Même décor que dans le prologue.

SCÈNE PREMIÈRE

MADEMOISELLE DE VARANDEUIL, en bonnet blanc issé à petits plis, bordé d'une valenciennes jouant une coiffe blanche, et sur lequel est posée une cornette en soie noire, piquée, avec une ruche de dentelle noire. Le corsage disparaissant sous un petit châle de laine noire à franges, mis en fichu, et attaché devant par deux épingles, une jupe de mérinos noir, des bas de laine blancs, dans de gros chaussons fourrés. Elle est assise dans la pose fléchie et cassée des vieillards, ses pauvres mains raidies et enflées par la goutte, posées sur ses cuisses, retournées et à demi ouvertes.

Vraiment, quand on est née dans un des plus beaux hôtels de la rue Royale... qu'on a dû posséder le Grand et le Petit Charolais... qu'on a dû avoir pour campagne le château de Clichy... qu'il fallait deux domestiques pour porter le plat d'argent, sur lequel était servi le rôti de gibier chez votre grand'mère... saperlipopette, vraiment il faut pas mal de philosophie (Ici mademoiselle de Varandeuil se passe avec difficulté une main sur les épaules), oui, pas mal de philosophie pour se voir finir ici... dans ce diable de nid à rhumatismes, où malgré tous les bourrelets du monde, il vous passe de ces gueux de courants d'air. (Elle se met à souffler le feu de la cheminée, et au bout de quelques instants levant la tête.) Tiens, mais on dirait qu'il y a quelqu'un de l'autre côté... on frappe en effet... Entrez.

SCÈNE II

MADEMOISELLE DE VARANDEUIL, LE SAINT-CYRIEN.

(La porte s'ouvre, apparaît un Saint-Cyrien.)

MADEMOISELLE DE VARANDEUIL, le regardant en riant.

Mais à Paris, il n'y a donc plus de spectacles, de bals, d'endroits de perdition, pour qu'un jeune homme, qu'un militaire, vienne passer sa soirée avec une vieille bique comme moi !

LE SAINT-CYRIEN.

Je vous gêne, ma cousine... Vous vouliez peut-être vous coucher ?

MADEMOISELLE DE VARANDEUIL.

Viens donc, grand enfant, m'embrasser. (Le regardant longuement, en lui retenant les mains, après l'avoir embrassé.) Comme tu es bien le fils de ta mère, ressembles-tu assez à ma chère *Poule*... Eh bien, qu'est-ce qui me vaut l'honneur de ta visite, mauvais sujet? tu as besoin d'un louis ?

LE SAINT-CYRIEN.

Non, ma cousine... je viens vous faire visite gratis... pour le plaisir de vous voir... D'abord, pas à *bahuter* ce soir... puis il y a des choses d'autrefois, alors que j'étais enfant... qui me sont restées là. (Touchant sa poitrine.) Vous ne vous rappelez pas dans le temps, où mon père et ma mère passaient leur été dans la Haute-Marne, que le dimanche vous tombiez à la pension à neuf heures du matin, en agrafant la dernière agrafe de votre robe, tant vous vous étiez pressée.

MADEMOISELLE DE VARANDEUIL.

Si, si..., et que tu me disais, pauvre moutard, avec ton air piteux : « C'est que je suis en retenue ! »

LE SAINT-CYRIEN.

Et que vous me répondiez, ma cousine : « Ah bien oui, en retenue ! et tu crois que je me serais décarcassée comme ça pour rien... Est-ce qu'il se fiche de moi, ton marchand de soupe !... Où est-il ce magot, que je lui parle ?.. Habille-toi en attendant, et vite...» Et dix minutes après, j'étais pris par le bras, et mis dans un fiacre, et toute la journée promené dans le Bois de Boulogne, sur un âne, que vous, ma cousine, vous poussiez avec une branche cassée, en criant : « Hue !... » Puis après un bon dîner chez Borne... sous la porte cochère de la pension, une large pièce de cent sous que vous me mettiez dans la main.

MADEMOISELLE DE VARANDEUIL, attendrie.

Tu as gardé, mon cher enfant, le souvenir de ces bêtises-là?

LE SAINT-CYRIEN.

Et lorsque, à la maison, il y avait quelqu'un de malade... comment vous l'appreniez... on ne le savait vraiment pas... mais en dépit de l'heure et du temps, on entendait un grand coup de sonnette... le coup de sonnette de la cousine, comme on l'ap-

pelait... et aussitôt dépêtrée de vos socques et votre
chapeau au diable... c'était la main dans les sangsues,
les sinapismes, avec des paroles à la militaire qui
remontaient et réconfortaient les gens... Oui, cousine, vous étiez chez nous une vraie providence, aux
jours de chagrin... et les derniers temps de la vie de
ma mère... c'est l'anniversaire de sa mort, aujour-
d'hui... vous voyez bien que je vous devais une
visite... les derniers temps, ces années pendant lesquelles vous vous êtes chambrée avec elle, tous les
jours de midi à six heures... (Changeant de ton.) Mais vous
êtes seule, ce soir... où est donc votre Germinie?...
Au salut?

MADEMOISELLE DE VARANDEUIL.

Non, mon cher enfant, tiens, regarde !

SCÈNE III

MADEMOISELLE DE VARANDEUIL, LE SAINT-CYRIEN, GERMINIE.

GERMINIE, entrant décolletée, en toilette de bal, et allant à
mademoiselle de Varandeuil, sans voir le Saint-Cyrien.

Voilà, mademoiselle, regardez-moi dans ma belle
robe.

MADEMOISELLE DE VARANDEUIL, s'adressant au Saint-Cyrien que
Germinie salue et qui lui envoie un sourire.

Oui, ma bigotte, va au bal... Sais-tu, ma fille, ça
me paraît tout farce... toi et le rigodon... tu ne vas
donc plus voir tes curés?... Qu'est-ce qu'ils t'ont fait,
hein?... Et ton petit abbé, dont tu me parlais si...
si angéliquement... celui auquel tu allais te confesser,
tous les samedis... le voici aussi dans les *lanlaire*...

C'est fini tous ces racontages dans l'oreille que tu lui faisais ?

GERMINIE, embarrassée et d'un ton suppliant.

Mademoiselle...

LE SAINT-CYRIEN.

Voyons, ma bonne cousine, c'est bien naturel que ce qui fait, certains jours, songeuse ou triste, une pauvre fille comme Germinie, elle aille le conter à ce confident des petits chagrins, à cet ami des misères de la femme du peuple... au seul homme qui l'écoute, et lui adresse des mots de charité, d'espérance, des mots qui ne lui sont jamais dits par des hommes de sa classe... ni par ses maîtres.

MADEMOISELLE DE VARANDEUIL.

Ta, ta, ta... Maintenant tu sais ce qui va lui venir, l'envie de se marier... une chienne d'envie. (S'adressant à Germinie.) Mais si tu te maries... je te préviens que je ne te garde pas... ouste... je n'ai pas envie de devenir la bonne de tes mioches... Maintenant approche un peu... Oh mais, sac à papier, mademoiselle Montretout... on est bien coquette, je trouve, depuis quelque temps !

GERMINIE.

Mais non, mademoiselle se figure...

MADEMOISELLE DE VARANDEUIL, revenant à l'idée de mariage.

Avec cela que chez vous autres, les hommes sont de jolis cadets... Ils te grugeront ce que tu as, sans compter les tapes... Mais je suis sûre que ça te trotte la cervelle, cette histoire de te marier, quand tu vois les autres... C'est cela qui te donne cette frimousse-là,

je parie... Allons, tourne un peu qu'on te voie tout
à fait bien. (Mademoiselle de Varandeuil pose ses deux mains sur
les bras de son fauteuil, et croisant ses jambes l'une sur l'autre, en
remuant le bout du pied, se met à inspecter Germinie et sa toilette,
puis au bout de quelques instants d'attention muette:) Que diable!
je n'ai donc jamais mis mes yeux pour te regarder...
Bon Dieu de bon Dieu, oh mais, oh mais... où diantre
as-tu pris ce museau de chatte amoureuse?... Ah, ces
petits coquins de cheveux rebelles... ces yeux éveillés,
où on dirait qu'il y a du phosphore... et ce nez avec
ces diables de narines ouvertes... Non, tu n'es pas
belle, ma fille, mais tu as dans la physionomie je ne
sais quoi...

LE SAINT-CYRIEN, sur une note rieuse.

Ah ! elle a du *vice*.

GERMINIE.

Oh, monsieur Paul, pouvez-vous dire ça !

LE SAINT-CYRIEN.

Allons... tu as seulement du *chien*. (Regardant
montre.) Mais voilà l'heure... Adieu, ma cousine. (Il l'embrasse.) Et toi, Germinie, danse, va, ma fille !

MADEMOISELLE DE VARANDEUIL.

Adieu, mon cher enfant, je te suis reconnaissante
de ta visite, mais ne te crois pas obligé de la recom-
mencer.

LE SAINT-CYRIEN.

Non, cousine, pas adieu, mais au revoir. (A Germinie.)
C'est bon, ne me reconduis pas, je connais le chemin.

SCÈNE IV

MADEMOISELLE DE VARANDEUIL, GERMINIE.

MADEMOISELLE DE VARANDEUIL, réfléchissant.

C'est drôle tout de même ces bambins qu'on a tor-
chés et qu'on revoit ornés de moustaches... Il est
vraiment gentil ce petit, avec son air crâne et sa voix
de sainte nitouche... et puis je retrouve dans ce
garçon-là le cœur de sa bien-aimée mère. (Revenant à
elle.) Eh bien, tu es toujours là, toi?... tu n'es pas
encore à cabrioler?... Je suis sûre, ma pauvre diablesse, que tu n'as pas un cavalier pour te conduire
à ce bal.

GERMINIE.

Mais si, mademoiselle, j'en ai un.

MADEMOISELLE DE VARANDEUIL.

Qui ça?

GERMINIE.

Le fils à madame Jupillon.

MADEMOISELLE DE VARANDEUIL.

Celui dont tu m'as tant de fois rebattu les oreilles...
ce fameux *bibi* que tu allais voir à Saint-Nicolas, tous
les jeudis... lui portant des paquets de mangeaille,
gros comme toi... Je crois même, le diable me
croque, que tu lui payais des leçons de flageolet!

GERMINIE.

Dame, mademoiselle, sa mère a été, pendant près
de deux ans, à avoir un mal à la jambe qui l'empê-

chait de marcher... le pauvre enfant... c'était bien
naturel de ma part.

MADEMOISELLE DE VARANDEUIL.

Mais c'est un gamin !

GERMINIE.

Plus maintenant... On voit bien que mademoiselle
ne s'aperçoit pas des années qui passent... Aujour-
d'hui, c'est tout à fait un homme... Voilà un grand
temps qu'il est sorti de Saint-Nicolas ; il a un état...
coupeur de gants... Mais il est là, qui m'attend dans
la cuisine... Mademoiselle désire-t-elle le voir?

MADEMOISELLE DE VARANDEUIL.

Il est là... le voir. (Après un moment de réflexion.) Non,
un autre jour, je suis fatiguée ce soir.

GERMINIE.

Mademoiselle veut-elle que je la couche avant de
m'en aller?

MADEMOISELLE DE VARANDEUIL.

Non, laisse-moi, j'ai encore besoin de ruminer un
moment au coin de mon feu. (Germinie, prenant congé de sa
maîtresse, s'incline presque dans un agenouillement et lui embrasse les
mains à baisers pressés.)

MADEMOISELLE DE VARANDEUIL.

Bon, bon... assez de lichades comme ça... Tu vous
userais la peau avec ta manière d'embrasser... Allons,
fiche ton camp, et amuse-toi... sans t'éreinter, si ça
se peut.

SCÈNE V

MADEMOISELLE DE VARANDEUIL, *seule.*

MADEMOISELLE DE VARANDEUIL, mettant les coudes sur ses genoux et regardant le feu, la figure entre ses mains.

Est-ce cornichon d'avoir des idées pareilles!... Qu'est-ce que j'ai ce soir à me *fantasier* le cerveau d'un tas de choses saugrenues?... Paix, paix là, ma vieille caboche. (Elle donne deux ou trois coups de pincettes qu bousculent les bûches, et se renversant dans son fauteuil, les bras croisés, les pincettes dans une main.) Si cependant... C'est pourtant arrivé... ma vierge avait les *foies blancs*, ainsi qu'on disait de mon temps... ça maintenant a un nom scientifique, que ma mémoire... va te promener, a oublié... ah si, je crois qu'ils appellent ça : hysté-rie... (Elle retombe dans une rêverie, pendant laquelle elle se donne sur la nuque de petits coups qui mettent son serre-tête noir tout de travers.) Tout de même, qu'il en soit comme Dieu a voulu... la pauvre fille a un gros fond de tendresse à placer.

DEUXIÈME TABLEAU

DEUXIÈME TABLEAU

Les premiers champs de la banlieue, en dehors des fortifications. Dans le lointain, à droite, la silhouette de la cathédrale de Saint-Denis; à gauche, un soleil de feu se couchant dans un ciel, où des cerfs-volants font des taches noires. Dans le fond d'un pli de terrain, se lèvent des toits de zinc de cabarets et des hauts de mâts aux flammes tricolores. A la fin du tableau, dans le jour tombant, des lumières s'allument, et des bruits de crécelle, et des musiques d'orgues, et des chants d'ivrogne se font entendre à la cantonade.

SCÈNE PREMIÈRE

GERMINIE, JUPILLON.

JUPILLON.

Eh bien, on y est à cette entrée des champs... car c'est ton refrain, tous les soirs, depuis le printemps : « Si nous allions à l'entrée des champs ! »

GERMINIE, mordillant une fleur de lilas.

Ça ne t'amuse pas, toi ?

JUPILLON, l'air gouailleur.

Ça m'amuse, ça m'amuse...

GERMINIE.

Tiens, que c'est drôle que tu n'aies pas envie de
sortir, le soir, d'entre ces vilains murs... Moi, ça me
fait un effet, quand j'aperçois ce grand morceau de
ciel tout vide, au haut de la montée de Clignan-
court... c'est comme si on m'ouvrait la porte de la
campagne... de la campagne de chez nous... de là-
bas... qui s'en va au loin comme tout... Et les premiers arbres, les premières feuilles au Château-
Rouge... ça ne te dit rien à voir à cette heure où nous
y arrivons... où il n'y a plus de soleil qu'au haut
des cheminées? (Germinie lui prenant le bras, et s'appuyant dessus
dans la petite promenade qu'ils font sur le devant du théâtre.) Ah si,
c'est amusant et ça me fait heureuse de marcher,
comme nous marchons là, tout doucement, à petits
pas, sur ce trottoir où les enfants ont laissé la marque
de leurs jeux de marelle... tout le long de ces petits
jardins d'où pendent des branches en fleur... avec
tout ce monde heureux d'hommes en manches de
chemise aux fenêtres... et de mères, plein les bras
de marmaille.

JUPILLON.

Oh! que t'as des phrases de mirliton aujourd'hui,
ma chérie.

GERMINIE.

Je suis bête, hein?... oui, c'est la vérité... et tu vas
rire de moi, je suis sûre, quand je t'aurai dit ça...
Figure-toi que j'ai planté de l'herbe, du gazon, dans
une vieille boîte à cigares, sur le chéneau, en face ma

fenêtre... une idée, c'est drôle, qui ne m'était jusqu'ici jamais venue... Mais, que veux-tu, j'aime
l'herbe, les champs. (Elle quitte le bras de Jupillon, et s'amuse
à passer ses jambes un peu retroussées dans le champ de blé qui borde
la route.) C'est bon de sentir les *chatouilles* du blé
contre ses bas !...

JUPILLON.

Dis donc, ma bonne Germinie... ton herbe, il y
pousse des coquilles d'huîtres... et les champs,
regarde !... il y a là-bas dans un sillon une marchande de coco, et dans une autre une voiture à bras
de pastilles de menthe et de pain d'épice... Oh là, là,
en v'là de la chouette de nature !

GERMINIE, revenant à lui.

Méchant... moi, c'est pas comme toi... je vois tout
beau, tout joli à c'te heure... ah, au fait, j'ai des
cigares pour toi... des trois sous... tiens. (Elle les lui donne
et Jupillon les examine, les retourne de tous les côtés, et finit par les
mettre dans sa poche.) Oui, je ne sais pas à quoi ça tient...
mais je suis toute changée de ce que j'étais... c'est
curieux... j'ai maintenant de la joie à vivre que ça me
fait dans la poitrine, tiens comme (Regardant en l'air de
côté) cet oiseau qui bat des ailes... dis-moi pourquoi
ça... Autrefois je ne pouvais pas me tirer de mon lit,
et je me levais tout engourdie, avec le cœur à rien...
maintenant, un saut à terre, et mes doigts qui vont,
qui vont, et je suis habillée en un temps... Et toute la
journée, le même endiablement dans le corps, et
comme une frénésie de bouger... et toujours à aller,
à marcher, à courir... Oh ! vraiment (Elle s'appuie sur le
bras de Jupillon et le regarde amoureusement), vraiment je trouve
qu'il y a du plaisir à vivre... Dis-moi pourquoi ça...
Oui, maintenant, je monte, je descends pour un rien...

3.

sur un mot de mademoiselle, je dégringole les cinq
étages... Quand je suis assise, mes pieds, je crois,
ma parole, dansent sur le parquet... Et je frotte,
et je nettoie, et je range, et je bats, et je secoue,
et je fais tant de remue-ménage que mademoiselle
me dit à tout moment : « Mon Dieu, es-tu bouscu-
lante, ma pauvre Germinie, l'es-tu assez ! »

SCÈNE II

GERMINIE, JUPILLON, puis ADÈLE.

JUPILLON, mettant la main au-dessus de ses yeux et regardant dans
la coulisse.

On dirait que c'est la grande Adèle, là-bas... Mais
oui, mais oui.

GERMINIE.

Qu'en as-tu besoin de cette vilaine femme, qu'on
voit, tous les dimanches, attablée sur les boulevards
extérieurs avec des militaires... et qui a tous les lun-
dis des bleus sur la figure... Laisse-la donc, nous
sommes si bien, tout seuls... comme nous sommes.

JUPILLON.

C'est positivement elle. (Criant.) Ohé, la grande
Adèle, ohé, la Luxembourgeoise, par ici, par ici. (A
Germinie.) Elle va nous amuser... elle est rigolo...
et toujours prête à payer des gâteaux et des petits
verres... La voici.

ADÈLE.

Vous v'là, les amoureux de carton... Oh ! je suis
d'une colère... Cet animal de Labourieu... Oui, j'ai

lâché pour le moment les militaires... C'est celui que je t'ai dit qui était dans la boucherie... Eh bien, la drogue, il me fausse parole ce soir... tout de même bien gentil le particulier... seulement, faut pas le contrarier... Quand il vient de boire un verre de sang, après avoir tué ses bêtes, il est comme démoniaque, et si vous l'obstinez... Ah! dame, il cogne, mais qu'est-ce que vous voulez?... C'est d'être fort qu'il est comme ça... Toi, la vieille, t'a donné *campo*... C'est moi qui ne pourrais pas vivre avec une figure d'antéchrist comme ça... Et vous en êtes toujours aux préliminaires, grands Saints Innocents... Vrai de vrai, l'êtes-vous, mon Dieu, *nigaudinos*... Mais, mademoiselle, comme dit la chanson, tient à sa fleur... d'oranger... Comment, fichtre, on est avec un amour d'homme comme ça, et on ne le bécote pas tout le temps. (Elle l'embrasse.) Ce qu'il doit être gentil sous le linge!... Moi, je m'en ferais mourir d'un joli garçon comme ça... Mais vois donc, ma fille, sa peau du cou, on dirait du satin à dix-huit francs l'aune. (Elle l'embrasse sur le cou.)

GERMINIE, voulant les séparer et se jetant entre eux, est effleurée par le baiser que rend Jupillon à la grande Adèle.

Tu n'as pas honte!

JUPILLON, à Germinie.

Ah! le nez que tu fais... Si tu le voyais.

ADÈLE.

Honte de quoi?... Connais pas ça, moi... et quand il voudra, j'en ferai un homme... avec tous les sacrements. (Elle tousse.) Allons, grosse jalouse; on ne te le prend pas, ton *jeunet*... tu peux continuer à filer le parfait amour avec... Mais, vois-tu, ce n'est pas pour

nous que le four chauffe... faut que je te fasse un peu
rire... Figure-toi que cette rosse de madame, en revenant des courses, a remarqué monsieur sur le pas
de la boutique... Elle est entrée deux ou trois fois,
sous le prétexte d'acheter quelque chose... Au fait,
est-ce que tu ne dois pas lui porter de la parfumerie
à madame, demain ou après-demain?... Ah! il ne t'a
pas dit ça, il a fait son discret... Ah! mais, c'est
qu'elle a un corps, madame, et avec tout son tra la la
de robes et de la dentelle partout... n'est-ce pas,
jeune homme, que ça monte le *coco*, une femme en
velours?... Et c'est qu'elle va dans le grand aussi, madame... elle s'est payé une fois un roi... Oui, c'est
glorieux d'avoir dans sa vie une femme comme ça...
Là-dessus je vais voir un peu chez nous, puisque Labourieu ne se montre pas à l'horizon... Au revoir, vous
autres... Et toi, ma petite Germinie, prends garde, les
yeux vont te rentrer dans la tête à force de rêver...
Mais je me sauve, faut que je tâche d'attraper une
boîte à canaille... eh oui, l'omnibus.

SCÈNE III

GERMINIE, JUPILLON.

GERMINIE.

Je la déteste, cette Adèle.

JUPILLON, qui est en train d'allumer un cigare.

Ah!

GERMINIE.

Oui, je la déteste, cette grande bringue, avec son

air de cavale, ses sourcils de porteur d'eau, ses yeux de bête en folie. (Se laissant tomber à terre, et tout à coup éclatant en pleurs.)

JUPILLON.

Bon, des larmes grosses comme des noisettes maintenant. Pourquoi ça?

GERMINIE.

Mon Dieu, que c'est donc une malechance d'être née comme je suis née... se sentir malheureuse plus que les pierres, quand ce qu'on aime n'aime pas que vous, uniquement que vous... C'est vrai, il me faut tout le cœur des gens... Je ne veux pas qu'on en donne ça. (Elle montre le bout de son ongle.) Oui, ça aux autres... Croirais-tu, toi, qu'il y a de vieilles amies de mademoiselle que j'abomine, parce qu'elle les aime trop... plus que moi?... Oh! que de nuits j'ai passées à cause de ça, à me dévorer, à pleurer dans mon traversin... C'est que je suis jalouse, jalouse, jalouse... Et puis quand c'est autre chose... que de l'affection ordinaire. (Changeant de ton et avec violence.) Tu l'aimes, dis?

JUPILLON.

Qui ça, la grande Adèle?

GERMINIE.

Non, sa maîtresse!

JUPILLON.

Ah! tout ça, c'est à propos de cette histoire que t'a racontée la Luxembourgeoise...

GERMINIE.

Eh bien, est-elle vraie... cette histoire?

JUPILLON.

Elle est vraie et elle n'est pas vraie... Pour s'amuser, elle m'a bien fait un peu l'œil, la dame... mais je
ne sais pas si elle voudra pousser la chose jusqu'au
bout.

GERMINIE.

Et si elle voulait!

JUPILLON, se rapprochant d'elle.

Ah! on ne sait pas... la chair est faible... et sais-tu
que ce serait tentant, d'autant plus qu'avec toi, c'est
des embrassades et voilà tout... et je ne sais vraiment
si tu m'aimes tant que ça... vu que quand on aime
bien...

GERMINIE.

Si je t'aime!... Tu ne le vois pas, tu ne le sens pas,
tout ne te le dit pas, depuis... Mais depuis qu'à Saint-
Nicolas, oui déjà, je tâtais si tu avais ton tricot sous
ta blouse... depuis que je t'essuyais le visage, lorsque
je te trouvais en sueur d'avoir couru... Oh! je ne l'aime
pas! (Se levant.) Mais voilà les hommes, ça ne peut pas
aimer comme nous... faire l'amour rien qu'avec des
caresses et des baisers. Il leur faut... Voyons, jure-
moi que tu n'iras pas chez elle! jure-le! (Un silence, au
bout duquel elle reprend d'une voix lente et triste.) Eh bien,
maintenant si c'est ton plaisir... prends-moi... fais de
moi ce que tu voudras... Demain, ce soir... dis
l'heure... je suis à toi.

JUPILLON.

Cette nuit dans ta chambre.

GERMINIE.

Cette nuit dans ma chambre... Tiens, il commence à ne plus faire jour et on ne voit presque plus le chemin... Donne-moi le bras, je me sens toute... je ne sais comment.

TROISIÈME TABLEAU

TROISIÈME TABLEAU

Un coin du bal de la Boule Noire. Aux murs blancs, de grossières copies des Saisons de Prudhon, éclairées par des bras à trois jets de gaz, reflétés dans des glaces, et aux portes et aux fenêtres, des lambrequins de velours grenat, bordés d'un galon d'or. La vue est prise en dehors de l'orchestre et du rond de la danse ; au milieu, des tables peintes en vert et des bancs de bois faisant le café du bal.

Deux femmes sont assises à une table, devant un saladier de vin sucré, l'une en chemise de flanelle rouge, l'autre encapuchonnée dans une capeline de tricot blanc lisérée de bleu.

Un petit voyou à la tignasse frisée, aux yeux impudents, au cou garni de la loque d'un foulard des Indes à ramages, la figure traversée d'une éraflure, offre aux deux femmes, dans une corbeille, des morceaux de gâteau de Savoie et des pommes rouges.

SCÈNE PREMIÈRE

GLAÉ, MÉLIE, LE PETIT VOYOU, puis
LA GAMINE.

GLAÉ, au petit voyou.

Qu'est-ce qui t'a griffé comme ça la physionomie ?

LE PETIT VOYOU.

C'est de la rousse... un sergent de ville qui m'a voulu arrêter... mais trop bête... je lui ai tiré mes croquenots. (Il montre ses souliers.) Elle, ma sœur, n'a pas eu c't' chance... elle est d'hier à la *Tour pointue*... eh bien oui, à la préfecture. (Il regarde dans la coulisse.) Tiens, là-bas... voilà Arthur, mon associé.

MÉLIE.

Et pourquoi qu'on a arrêté ta sœur?

LE PETIT VOYOU.

Elle vendait des fleurs... Eux autres, ils nous empêchent... et ils laissent les Italiens... la rousse ne leur dit rien. (Regardant les deux femmes.) Oh! les femmes, je les aime-t-y, moi! Quand je serai grand, il m'en faudra cinq à chaque bras... que je me fourre dedans. (Apparaît Germinie qui fait le tour de la salle, regardant de tous côtés avec l'attention d'une personne qui cherche quelqu'un.) Que ça me gratte donc fort... Oui, j'ai été deux fois aux Enfants Trouvés et à l'Enfant Jésus... J'avais du mal dans la tête... Ils ne m'ont rien fait... alors moi je m'ai sauvé... et j'y ai mis du saindoux que ça les a fait friser, mes cheveux! (Une petite gamine de sept ou huit ans, aux yeux ardents d'une femme, vient à lui, ayant dans la main quatre ou cinq bouquets de violettes d'un sou.) Ça c'est une de mes ouvrières. (S'adressant à la petite.) Combien?

LA GAMINE.

Trois.

LE PETIT VOYOU.

Eh bien, faut encore tes six sous... Crois-tu que, tous les soirs, je vas te payer, comme hier, l'omnibus pour la place Maub? (La petite grogne, et ils se donnent en dessous deux ou trois coups de pied.) Ah! il y en a une aujourd'hui qui passe au Palais... c'est la dix-huitième fois, et elle n'a pas ses douze ans... elle avait été voir une tireuse de cartes qui lui avait dit qu'elle irait dans trois cabinets, mais qu'elle n'irait pas devant la justice... Des blagues, quoi!... T'en viens-tu, ma gosse?... ça manque de capitalistes ici... Nous allons à la *Grande* Hôtel!

SCÈNE II

MÉLIE, GLAÉ, GERMINIE.

GERMINIE, en train de faire un second tour, repasse sur le devant du théâtre, fouillant de l'œil la salle.

Non, il n'y est pas... non, il n'y est pas encore... Attendons. (Elle se dirige vers la banquette rouge qui entoure le bal, puis, au moment de prendre place entre plusieurs femmes, qui se refusent à se serrer un peu, elle va s'asseoir à une table, avoisinant la table où sont Mélie et Glaé, et où, sur sa commande à l'oreille, un garçon lui apporte un verre d'eau sucrée.)

GLAÉ, au bout de quelques instants pendant lesquels les deux amies ont étudié ironiquement la toilette de Germinie, commence à l'entreprendre d'une manière détournée.

Plus que ça de dents à un jupon... Merci, madame ne se refuse rien.

MÉLIE.

Et un chapeau qu'on dirait foncièrement d'une princesse de Gotha... Pourquoi, toi, Glaé, que tu n'en mets pas de chapeau... ça te requinquerait le portrait!

GLAÉ.

Des chapeaux... faut être du grand monde... moi,

4.

pour une fois que j'en ai mis un... j'ai manqué d'être
écrasée quatre fois... Ça m'avait rendue sourde...
J'entendais plus les omnibus !

MÉLIE.

La broche, tu l'as vue aussi ?

GLAÉ.

Oui, que je l'ai vue !

MÉLIE.

Vois-tu, c'est peut-être la femme à feu Dagobert,
qui avait pour ministre un bijoutier. (Interpellant deux
femmes qui passent, en se tenant la taille comme si elles s'apprêtaient à
valser, et désignant Germinie.) Eh, les deux grandes, venez
voir une bête vertueuse... (Elle leur dit à l'oreille quelques
mots, et les deux femmes s'éloignent, en regardant par-dessus leurs
épaules d'un air moqueur Germinie, qui donne quelques signes d'impatience.) As-tu vu, Glaé, l'as-tu vu ?... Voilà la mijaurée
qui commence à faire sa tête... Ah ! pas belle comme
ça... Faut lui dire qu'elle en change..., parce que, si
par hasard elle venait ici pour *s'épouser* avec quelqu'un. (Germinie donne de nouveaux signes d'impatience, en mar-
mottant quelques paroles colères, au bout desquelles Mélie, s'adressant directement à Germinie :) Ah bah, madame se fâche !
(Germinie se lève.) Quoi, madame aurait des *frémis* dans
les jambes... qu'elle ne peut pas rester un petit
moment assise au milieu d'amies. (Et pendant que Germinie s'éloigne sans lui répondre, elle lui crie :) On a toutes les
honnêtes avec madame... et ça ne vous répond même
pas...En v'là une malhonnête comme un pain d'orge !

SCÈNE III

GLAÉ, MÉLIE.

GLAÉ, regardant dans le bal danser un quadrille.

Est-il amusant, le petit, avec ses jambes de gargotier!

MÉLIE.

Oui, pas mal rossard... et puis la Fanuche a du ressort aujourd'hui..., mais attends un peu, Glaé... tu vas me voir tout à l'heure avec Jupillon... Mais qu'est-ce qu'il *foutimasse* donc, ce soir?

GLAÉ.

Tout comme mon petit homme... pourrait bien se faire qu'ils nous fassent des queues, hein, Mélie?

MÉLIE.

Eh bien, si le mien m'en fait... je suis en avance avec lui... les hommes, tu sais... je ne *m'embabouine* pas tant que ça d'eux... Fait rien... ça me plairait de l'avoir à c't'heure... C'est pas que je sois dans la rigole du sentiment... mais j'ai comme la danse de Saint-Guy dans le gras des mollets!

SCÈNE IV

LES MÊMES, UN SERGENT DE VILLE, UN INDIVIDU.

UN INDIVIDU, qu'un garde de Paris a empoigné, et qu'il emmène malgré une résistance désespérée.

Me lâcheras-tu, espèce de roussin... Tu vas voir! tout à l'heure que je vas mordre.

LE GARDE DE PARIS.

Ne t'en avise pas... tes dents ne seraient pas à la noce...·

L'INDIVIDU, tout à coup se renversant en arrière, puis s'accrochant au pied d'une table et pendant qu'il s'y tient attaché, criant :

Mais puisque j'ai rien fait... que c'est pas moi, nom de Dieu, qu'est le coupable !

LE GARDE DE PARIS.

Tu t'expliqueras au poste. (Il le détache violemment.)

L'INDIVIDU, continuant à se jeter dans le vide, et cherchant encore à s'accrocher aux tables, aux bancs, et vociférant :

Colibri du quai des Morfondus... agent du cho-léra... grand assassin !

SCÈNE V

GLAÉ, MÉLIE.

GLAÉ.

Bien sûr, c'en est un qui aura acheté quelque chose à son voisin... à la foire d'Empoigne.

MÉLIE.

Qu'est-ce qui de nous d'eux s'allonge d'un second? (Elle désigne le saladier.) C'est-y moi, c'est-y toi... ç'a été déjà moi.

GLAÉ.

Garçon, garçon! (Elle fait signe au garçon d'apporter un autre saladier.) Ah! ce n'est pas gentil, ça, Mélie, de m'accuser de n'être pas généreuse.

MÉLIE.

Généreuse, généreuse tout juste... T'es la femme qui, quand elle a une pomme, en mange la moitié, et met l'autre dans sa poche... Mais le voilà enfin ce Jupillon.

SCÈNE VI

GLAÉ, MÉLIE, JUPILLON.

MÉLIE.

D'où que tu arrives si tard ?

JUPILLON, se laissant tomber sur le banc et après l'expiration d'une bouffée de tabac.

J'arrive de rien.

MÉLIE.

Nous allons danser, hein, chéri... tout à l'heure... tu vas nous le fignoler ton solo de pastourelle de l'autre jour...

JUPILLON.

Mon solo... c'est pour les fêtes carillonnées... non je ne danse pas... ce soir, je me sens les jambes toutes mollasses.

MÉLIE.

Cochon !... tu as fait une vie de Sardanapale.

JUPILLON.

Une toute petite noce à la papa.

MÉLIE.

Tu sais... je t'ai vu hier, en passant en omnibus, devant ton magasin... En v'là un métier pour *soulever* des femmes que d'être coupeur de gants... Tu ne t'imagines pas, Glaé, toutes les mines de monsieur, quand il est derrière sa vitre dans sa chemise blanche, sa cravate à la Colin, son pantalon qui lui colle sur les reins, sa raie au milieu de la tête, ses petites moustaches astiquées, son col rabattu jusqu'au milieu du cou...

Ah ! en fais-tu derrière ta vitre des ronds de bras et des effets de torse, espèce de poseur ! (Désignant Germinie.) Mais qu'est-ce qu'elle a donc encore celle-là à nous *défrimousser* comme cela ?

SCÈNE VII

GLAÉ, MÉLIE, JUPILLON, GERMINIE.

(Germinie, qui est rentrée dans la salle de bal, et qui a reconnu Jupillon, attablé entre les deux femmes, va à lui, se tenant devant la table, immobile, droite, muette.)

JUPILLON, un peu décontenancé.

Tiens, c'est toi... En voilà une surprise ! (Remplissant son verre de vin du saladier et le mettant devant Germinie.) Voyons, ne fais donc pas la femme qui a un mauvais caractère. (S'apercevant qu'elle refuse de s'attabler avec les deux femmes.) Va donc, assois-toi... c'est des dames à mes amis.

MÉLIE, s'adressant à Glaé avec sa voix de *mauvaise gale.*

Glaé, tu ne vois donc pas... C'est la mère à monsieur... Fais-y donc place à cette dame... puisqu'elle veut bien boire avec nous. (Germinie lui jetant un regard noir.) Eh bien quoi! ça vous vexe, madame?... Excusez! fallait prévenir... Quel âge donc que vous croyez avoir... Sapristi, n'est-ce pas, Glaé, qu'elle les choisit joliment jeunes... pour un peu, il faudrait, quand on les mouche, qu'il leur sorte du lait.

JUPILLON.

Bête, tu ne vois pas, c'est pour rire... rigoler un moment... ces dames sont à la gaieté !

GERMINIE.

J'ai à te parler... à toi... pas ici... dehors.

MÉLIE.

Ah ! des explications... bien de l'agrément... Viens-tu, Glaé? (Elle s'en va en ayant à la bouche le bout de cigare de Jupillon qu'elle rallume.)

JUPILLON, à Germinie.

Qu'est-ce que tu veux enfin ?

GERMINIE, le regardant dans les yeux.

Viens.

(Germinie sort au milieu des risées de la [salle, suivie de Jupillon moitié subjugué par l'accent de Germinie, moitié railleur.)

QUATRIÈME TABLEAU

QUATRIÈME TABLEAU

Une chambre avec une alcôve dont les rideaux sont fermés. La chambre est éclairée par deux fenêtres: devant une de ces fenêtres est posé un établi, chargé de peaux et de gants coupés et d'outils servant dans leur métier aux coupeurs de gants; au travers de la vitre de la seconde fenêtre se voit :

Magasin de ganterie.

JUPILLON.

SCÈNE PREMIÈRE

MADAME JUPILLON mère, JUPILLON fils.

JUPILLON.

Tiens, regarde, maman, voici l'établi, et tout enfin... le *pot à retailles*, et le couteau à *piquer* pour *déborder* les peaux... enfin c'est au grand complet...

MADAME JUPILLON, s'enfonçant dans un fauteuil.

Ah, pour un fauteuil, c'est un vrai fauteuil.

JUPILLON.

Comment la chose s'est faite, je vas te l'expliquer... Faut te dire que, sans malice aucune, plus
d'une fois devant elle, il m'est arrivé de me plaindre
de n'être pas à « mes pièces »... de ne pas trouver
dans une bourse à un ami, quinze à dix-huit cents
francs, pour louer deux chambres au rez-de-chaussée,
et monter un petit fonds de ganterie dans ce quartier
tout plein d'acheteuses... de gâcheuses de chevreau à
cinq francs... Et chaque fois que je chantais cet air-
là, elle de me demander ci et ça... de vouloir savoir
tout ce qui est nécessaire pour s'établir dans mon
état... et me faire nommer les outils, les accessoires
et indiquer les prix... si bien que très souvent *emmou-
tardé* par ces questions, je finissais par lui dire :
« Qu'est-ce que ça te fait tout ça? L'ouvrage m'embête
déjà assez pour que tu ne m'en parles pas encore... »
Et donc voilà qu'hier au soir, nous nous dirigions
vers Montmartre... et au lieu de prendre par la rue
Frochot, elle prend par la rue Pigalle... « Mais
ce n'est pas notre chemin... — Viens toujours »,
qu'elle me dit, et elle m'amène devant la maison en
me montrant ce qui est sur la fenêtre, et où je lis en
belles lettres de cuivre :

MAGASIN DE GANTERIE

JUPILLON

MADAME JUPILLON, qui a écouté son fils, en le regardant avec admira-
tion, et qui est en train de retoucher le nœud de sa cravate, pendant
qu'il est penché sur elle.

Comme le *riche* te va chouettement... Ah! c'est
que tu es mis comme le jeune homme du premier...
On dirait sa jaquette... En dois-tu faire de ces mal-

heureuses ! (Donnant à sa voix un ton d'insinuation caressante.)
Dis donc, bibi, que je te dise, grand mauvais sujet :
les jeunesses qui *fautent*, tant pis pour elles, ça les
regarde, c'est leur affaire... Tu es un homme, n'est-ce
pas ?... t'as l'âge, t'as le physique, t'as tout... Moi, je
ne peux pas toujours te tenir à l'attache... Alors que
je m'ai dit : autant l'une que l'autre... Va pour celle-
là... Et j'ai fait celle qui ne voit rien... Eh bien, oui,
pour Germinie... Comme t'avais là ton agrément...
Et ça t'empêchait de manger ton argent avec de mau-
vaises femmes.. et puis, je n'y voyais pas d'inconvé-
nients à cette fille jusqu'à maintenant... Mais c'est
plus ça aujourd'hui... Ils font des histoires dans le
quartier... un tas d'horreurs qu'ils disent sur nous...
Des vipères, quoi... Tout ça, nous sommes au-dessus,
je sais bien... Quand on a été honnête toute sa vie...
et, Dieu merci, on ne peut pas me reprocher un che-
veu de la tête... Mais on ne sait jamais de quoi il
retourne... Mademoiselle n'aurait qu'à mettre le
nez dans les affaires de sa bonne... Moi, d'abord, la
Justice, rien que l'idée ça me retourne les sangs...
Qu'est-ce que tu penses de ça, hein, bibi ?

JUPILLON.

Dame... aujourd'hui, c'était peut-être pas absolument le jour pour lui donner son congé... mais je
ferai ce que tu voudras, maman.

MADAME JUPILLON.

Ah! je savais bien que tu l'aimais, ta chérie de
maman... Viens l'embrasser... Eh bien, sais-tu, voilà
ce qu'il y a à faire... Invite-la à dîner ce soir... tu
monteras deux bouteilles de notre lunel... du trois
francs... de celui qui tape... et puis, en l'invitant,
fais-lui des yeux, qu'elle croie que c'est aujourd'hui

le grand jour... le jour de la bénédiction du *conjungo*. (Un silence au bout duquel elle se met à rire méchamment.) Dis donc, bibi, veux-tu que je te joue la comédie de ce soir?... Ça m'amuse d'avance de voir la tête à la renverse qu'elle va faire... D'abord, c'est entendu, toi, au dessert, tu as une course à faire, et nous restons toutes les deux, moi avec mon air de lui dire : En avant, ma fille, vas-y, fais ta confession, dis-moi tout... et la bonne bête y allant *dar dar* de sa faute avec toi. C'est alors qu'avec un accent pleurard, et comme s'il me prenait une suffocation, il faudra m'entendre lui dire : Oh! mon Dieu!... Vous!... me raconter des choses comme ça... à moi... à sa mère... en face! Ah! faut-il... Mon fils... un enfant... un innocent d'enfant... Vous avez eu le front de me le débaucher... et vous me le dites... Non, ce n'est pas Dieu possible... Moi qui avais une telle confiance... C'est à ne plus pouvoir vivre... Il n'y a donc plus de sûreté en ce monde... Ah! mademoiselle, tout de même je n'aurais jamais cru ça de vous... Tenez, ça me fait une révolution... je me connais... je suis capable d'en faire une maladie.

JUPILLON.

Pas mal, vraiment, pas mal, maman!

MADAME JUPILLON.

Oh! mais, attends, fiston, tu n'as là que le prélude... Où je lui donne le coup du lapin, c'est ici : à la suite de ce débagoulage, nécessairement elle me fait une phrase, où elle me donne à entendre qu'elle a cru que je la verrai avec plaisir comme ma belle-fille. Alors écoute, je lui riposte ça : Qu'est-ce que je vous ai toujours dit? Que ce serait à faire si vous aviez dix ans de moins sur votre naissance.

Voyons votre date, c'est 1820 que vous m'avez dit, et nous voilà en 1849... Vous marchez sur vos trente ans, savez-vous, ma brave enfant... et pas richement conservée encore... Tenez, ça me fait mal de vous dire ça... Je voudrais tant ne pas vous faire de la peine... Mais il n'y a qu'à vous voir, ma pauvre demoiselle... Que voulez-vous, c'est l'âge et les maladies... Vos cheveux... on mettrait un doigt dans votre raie...

JUPILLON.

Très bien! très bien!... là-dessus elle te demandera l'argent qu'elle a mis dans le bazar!

MADAME JUPILLON.

Que t'es jeune... On lui répondra : Ah! de l'argent, il vous doit?... Ah oui! ce que vous lui avez prêté pour commencer à travailler... Eh bien, v'là-t-il pas... Est-ce que vous croyez avoir affaire à des voleurs?... Est-ce qu'on a envie de le nier votre argent?... quoiqu'il n'y ait pas de papier, à preuve que ce matin... ça me revient... cet honnête homme d'enfant voulait faire l'écrit de ça, au cas où il viendrait à mourir... Mais tout de suite, on est des filous, voilà, ça ne fait pas un pli... Ah! mon Dieu! si c'est la peine de vivre dans un temps comme ça... Je suis bien punie de m'être attachée à vous... Mais j'y vois clair à présent... Ah! vous êtes politique, vous... Vous avez voulu vous payer mon fils et pour toute la vie.

JUPILLON.

Chut, on ouvre... C'est elle... Maman, t'es la sagesse des nations... Et ça me va, ton programme... D'autant plus qu'il y a quelque chose qui me chiffonne, et que je dirai plus tard... Et maintenant la bouche en cœur.

SCÈNE II

MADAME JUPILLON, JUPILLON fils, GERMINIE
ouvrant la porte.

MADAME JUPILLON.

Ah! la voilà, la bonne, l'excellente, la toute
belle. (Elle l'étreint dans ses bras et l'embrasse plusieurs fois.) Comment jamais reconnaître?... Non jamais, mon fils
et moi... Oui, oui, j'étais venue voir toutes vos
gentillesses à mon enfant, à ce cher enfant... Mon
Dieu, est-on malheureux d'être organisé ainsi... c'est
plus fort que moi... je vais pleurer... ah, c'est que je
suis si sensible... un cheval qu'on bat dans la rue...
un accident qu'on me lit dans un journal... ça
tient, m'a-t-on dit, à l'estomac... (Elle se lève.) Enfin,
aujourd'hui tout ce bonheur qui arrive à mon
enfant... puis, tenez, je ne vous ai pas dit cela, mademoiselle Germinie... cette pauvre charbonnière...
j'en pleure tout de bon cette fois... elle est venue à
la crèmerie, ce matin... C'est que vous ne savez peut-
être pas... Ils ne peuvent se faire la figure propre
dans leur état qu'avec du beurre... Et voilà que son
amour de petite fille... elle est à la mort, ce chéri
d'enfant. Ce que c'est que de nous, miséricorde...
Eh bien, elle lui avait dit comme ça : « Maman, je veux
que tu me débarbouilles au beurre... tout de suite...
pour le bon Dieu, hi! hi! » (Elle se met à sangloter, et tout
en sanglotant :) Ma bonne Germinie, vous savez que
nous comptons, mon fils et moi, sur vous, pour
dîner ce soir, et nous vous en voudrions toute notre
vie, si vous nous manquiez un jour comme aujour-
d'hui... A tantôt, mes enfants.

SCÈNE III

JUPILLON, GERMINIE.

GERMINIE, allant, marchant dans la chambre, touchant les choses.

Eh bien, te trouves-tu pas mal là dedans?... Tu n'étoufferas pas comme dans la soupente de ta mère... Ça te plaît-il vraiment?... Oh, ce n'est pas beau, c'est propre, voilà tout!... Je t'aurais voulu de l'acajou... Ces rideaux de lit, ces fleurettes, c'est gai, n'est-ce pas?... Ah, mais le papier, j'allais l'oublier. (Elle lui met dans les mains une quittance de loyer.) Tiens, c'est pour six mois... Dame, il faut que tu te mettes tout de suite à gagner de l'argent... Voilà mes quatre sous de la Caisse d'épargne finis du coup... Et pour la fête de mademoiselle, qui vient, je serairéduite à lui donner un bouquet de violettes d'un sou... Ah, laisse-moi m'asseoir... t'as l'air si content que ça me fait un effet... Je n'ai plus de jambes. (Elle se laisse glisser sur une chaise et tendant à Jupillon sa joue.) Tu ne m'amèneras pas ici de ton monde de la Boule Noire, bien vrai? (Jupillon lui fait un non de la tête, et l'embrasse après avoir un moment cherché des yeux ses boucles d'oreilles.) Ah oui, il n'y en a plus. (Lui montrant ses mains.) C'est comme mes bagues... Tiens, vois-tu, plus rien...Ah, mes pauvres bijoux que j'avais eu tant de peine à avoir... ç'a été le fauteuil, mais il est tout crin. (Regardant Jupillon qui reste auprès d'elle, avec l'air d'un homme embarrassé, cherchant les phrases d'un remerciement.) Mais tu es tout drôle... Qu'est-ce que tu as?... C'est peut-être à cause de ça. (Désignant d'un geste la chambre et les objets qu'elle renferme.) T'es bête... je t'aime, n'est-ce pas?... Eh bien? (Elle le regarde longtemps amoureusement.) Si, si...

JUPILLON.

Si, quoi?

GERMINIE.

S'il m'arrivait... ce que tu m'as entendu désirer plus que tout au monde.

JUPILLON.

En voilà une idée!

GERMINIE.

Ce n'est pas une idée (Elle compte sur ses doigts), ça fait quatre mois.

JUPILLON.

De la chance... Tonnerre!.. Veux-tu me dire un peu qui donnera la becquée à ce moineau-là?

GERMINIE.

Oh! sois tranquille... Il ne pâtira pas... Ça me regarde... Et puis ce sera si gentil... N'aie pas peur... On ne saura rien... Je m'arrangerai... Tiens, les derniers mois, je marcherai comme ça... je ne porterai pas de jupons... Tu verras... On ne s'apercevra de rien, je te dis... Un petit enfant à nous deux... songe donc!

JUPILLON.

Enfin, puisque ça y est, ça y est, n'est-ce pas?

GERMINIE, après un long silence, d'une voix timide.

Dis donc, si tu le disais à ta mère?

JUPILLON.

A m'man ?... Pas moi, mais toi... Ah, par exemple, c'est une bonne idée que tu as là... Tiens, ce soir, justement... Ça lui donnera un coup... l'idée qu'elle a un petit-fils, et peut-être qu'elle nous lâchera son consentement.

GERMINIE.

Jamais je n'oserai !...

JUPILLON.

Vas-y donc, je te dis, tu as vu comme elle est à la tendresse aujourd'hui.

GERMINIE, regardant la pendule.

Oh! si tard... Il faut que je me sauve... Allons, je le ferai, puisque tu me dis de le faire. (Elle dit cela en allant à la porte et embrasse Jupillon qui ne répond pas.)

SCÈNE IV

JUPILLON, fermant la porte et s'adossant contre, les bras croisés

En v'là une, la pauvre fille, qui peut se vanter d'être la sœur de c't'autre qui avait tatoué sur le front : *Pas de chance !*

CINQUIÈME TABLEAU

CINQUIÈME TABLEAU

Une petite salle à manger, où mademoiselle de Varandeuil est assise à table au milieu de sept petites filles, dont la plus âgée a de douze à treize ans et la plus jeune de cinq à six.

La soupe est servie. On vient de se mettre à table sur une table garnie aux deux extrémités de deux petits cerisiers en arbre, et les petites filles toutes trémoussantes sur leurs chaises, se dégantent, déposent dans un de leurs verres un gant minuscule, et singent les attitudes, les mines, les élégances de leurs mères.

SCÈNE PREMIÈRE

MADEMOISELLE DE VARANDEUIL, MADEMOISELLE DE LA ROCHEDRAGON, LA JÉSUS, LA FIFILLE *à la berthe frangée d'effilés Tom Pouce,* LA FIFILLE *décolletée à la vierge, aux bretelles roses,* LA FIFILLE *à la robe grise et à la guimpe de mousseline bouillonnée,* LA FIFILLE *en robe blanche à nœuds rouges sur les épaules,* LA FIFILLE *habillée d'écossais fond blanc,* GERMINIE.

MADEMOISELLE DE VARANDEUIL.

Écoutez ceci, les petites chattes, vous savez qu'il
n'y a ici ni papa ni maman pour mettre le nez dans ce
que vous mangez... Donc qu'on ne craigne pas, mes
enfants, de se donner une légère indigestion...
Ventre d'un petit poisson... vous ne dînez ici
qu'une fois dans l'année, le jour de Noël !... Dis donc,
mademoiselle de la Rochedragon, toi qui es déjà une
grande fille, tu vas jouer la maman avec la petite voisine, la Jésus... Ah ! voilà un nom qu'une mère seule
pouvait trouver !

MADEMOISELLE DE LA ROCHEDRAGON.

De grand cœur, mademoiselle. (Elle met la serviette à la
petite et l'embrasse, puis s'adressant à l'enfant, tout occupée d'une
petite croix de grenat et qui ne mange pas.) Oh ! comme on t'a
fait belle, ma petite Jésus, et la jolie croix que tu
as là.

LA FIFILLE *aux bretelles roses.*

Regarde donc la berthe frangée d'effilés Tom
Pouce, qu'a Agathe.

LA FIFILLE *en robe blanche.*

Mais toi, comme tu as de jolies bretelles en ruban
rose façonné.
(La fifille habillée d'écossais, trouvant sa soupe trop chaude, juchée sur
le barreau de sa chaise, évente avec son éventail gentiment de haut
en bas son assiette.)

MADEMOISELLE DE VARANDEUIL.

Germinie, un doigt de madère aux fifilles... il faut
qu'elles soient gaies... quand il leur arriverait même
de rentrer un peu *pompette* dans leurs familles !
(En ce moment la fifille à la robe grise embrasse le fond de son

assiette.) Eh! là-bas, qu'est-ce que tu as à embrasser ton assiette?

LA FIFILLE *en robe grise.*

Mais, pour ce qu'il y aura de bon tout à l'heure dedans.

MADEMOISELLE DE VARANDEUIL, riant, remarque que dans le moment Germinie, en train de servir, s'appuie au dos d'une chaise.

Mais, Germinie,... toi, si fringante d'ordinaire, aujourd'hui, tu te traînes comme une tortue... est-ce que la santé ne va pas?... Qu'est-ce qui te chiffonne, ma fille?

GERMINIE.

Moi, mademoiselle, rien... ça va très bien... et puis c'est un plaisir de servir ces petits anges.

LA FIFILLE *en bretelles roses.*

Tu sais, la belle maison pour nos poupées, que nous avions bâtie cet été, dans le parc de grand-papa... avant-hier nous avons été là-bas... eh bien, les hérissons ont tout abîmé, tout démoli... oh, quand j'ai vu cela, je me suis mise à pleurer, oui à pleurer. (Elle sanglote.)

LA FIFILLE *en robe blanche.*

Oh! moi... quand je serai grande... quand j'aurai vingt ans... tu verras le château que je leur ferai... à mes poupées.

LA FIFILLE *en bretelles roses.*

Dis donc, où en êtes-vous de l'Histoire Sainte, chez mademoiselle Cochemer?

LA FIFILLE *en robe blanche.*

Nous en sommes quand... (Elle se met à réciter comme au catéchisme) quand Jechonias, s'attirant comme son père l'indignation de Nabuchodonosor, fut à son tour mené captif avec sa mère et les seigneurs de la Judée, jusqu'au nombre de dix mille... et que son oncle... son oncle... son oncle Sédécias fut mis à sa place.

LE FIFILLE *à la berthe.*

Et moi, tu ne sais pas ce qui m'arrive... j'ai perdu la liste de mes péchés.

LA FIFILLE *aux bretelles roses.*

Vois-tu... nous revenions ce jour-là des bains de mer avec maman... et nous étions près de Vernon... et le ciel était tout noir, avec des éclairs qui faisaient fermer les yeux... et les pauvres petits moutons qui étaient dans la campagne allaient être mouillés...

LA FIFILLE *à la robe grise,* chantonnant.

Moi... c'est dans sept ans que je serai mariée.

MADEMOISELLE DE VARANDEUIL.

Qu'est-ce que tu dis là-bas, petite morveuse?

MADEMOISELLE DE LA ROCHEDRAGON.

Oh! ma cousine ne sait pas... Oui, elles étaient aujourd'hui une dizaine qui sautaient à la corde au Luxembourg... et les doubles qu'on fait en sautant et qu'on compte, ça marque les années qu'on a encore à attendre pour se marier... et au milieu d'elles il y en avait une toute petite qui criait : « Moi, moi, je me marierai dans deux ans... » et, comme quelqu'un

lui a demandé l'âge qu'elle avait, elle a répondu :
« Moi, j'ai *tatre* ans ! »

(La Jésus, qu'on voit depuis quelque temps lutter contre le sommeil,
s'endort, une joue posée sur la paume de sa main, tenant en l'air une
cuisse de poulet.)

GERMINIE.

Mademoiselle Jésus… du plat doux que vous aimez…
eh ! mademoiselle Jésus… oh ! elle dort, le petit chat.

MADEMOISELLE DE VARANDEUIL.

Donne-la-moi, que je l'emporte, la pauvre chère
petite. (Elle la prend dans ses bras et se lève de table.)

LA JÉSUS, se réveillant à demi,

Quelle heure, il est-il ? (Et se rendormant avant qu'on lui
réponde.)

MADEMOISELLE DE VARANDEUIL.

Mes petites, je suis un peu souffrante aujourd'hui…
et mon dîner est fini depuis longtemps avec la tasse
de lait que vous m'avez vu prendre… puis vous êtes
bien gentilles, mais vous commencez à faire un tinta-
marre qui me casse la tête… Je vous laisse finir sans
moi.

LA FIFILLE *en robe blanche.*

Et notre histoire ?

LA FIFILLE *habillée d'écossais.*

L'histoire que vous nous contez tous les ans.

TOUTES en chœur.

Oui, cousine, l'histoire, l'histoire, l'histoire.

MADEMOISELLE DE VARANDEUIL.

Oh ! les petites teignes que vous faites... Mais un jour comme celui-ci, on ne peut, chères fillettes, rien vous refuser. (Tendant à Germinie la Jésus, dont le corps se répand dans ses bras comme un corps sans os, et se rasseyant.) Prends-la et porte-la sur le pied de mon lit... Je vais aller la garder dans dix minutes... Une histoire... vous demandez une histoire... mais cette vieille mémoire commence à être bien vide... Voyons; cependant... Allons, je vais vous conter une histoire de ma bien-aimée Lorraine.

Il y avait, une fois, trois hommes qui marchaient à la file l'un de l'autre, à travers les champs... C'étaient le maire, l'adjoint, le maître d'école... Au village, d'où ils venaient, on ne parlait que le patois, et, ils s'étaient mis en route pour la ville, afin d'y apprendre le français... Et chacun, à midi sonnant, savait une phrase qu'il avait entendue comme ça en chemin... *Entre nous tous*, répétait entre ses dents le maître d'école ; *Pour de la toile*, répétait l'adjoint ; *Comme de raison*; répétait le maître d'école... Si bien qu'en *balivernant* ainsi, ils arrivaient dans un bois où il y avait un pendu... et voici des gendarmes en tournée qui leur demandent si c'est eux qui l'ont accroché là-haut. Le maître d'école de répondre : *Comme de raison*; l'adjoint : *Pour de la toile*; le maire : *Entre nous tous*... On les emmène en prison... Or le maire, l'adjoint, le maître d'école étaient des hommes du village de Ruaux-les-Fous, qu'on nomme ainsi, parce qu'ils sont un peu simples d'esprit, mais qui pour cela ont été toujours protégés par les fées, dont on voit dans le Fays le petit château, en forme d'un 8, et qui n'a jamais été terminé... Oui, mes enfants, les fées qui n'avaient qu'une nuit pour le bâtir, se sont amusées à cueillir, dans le bois, des *brimbelles* et ont été surprises par le jour avant de l'avoir achevé... et les souterrains sont fermés par de grosses pierres qu'on n'ose pas déplacer, parce qu'ils sont pleins de serpents volants que des gens de Clairefontaine ont vus avec chacun un diamant sur la tête... Hein, ça ne vous ennuie pas, les fillettes ?

LES FIFILLES en chœur.

Oh ! que non, ma cousine, que non, que non !

MADEMOISELLE DE VARANDEUIL.

N'est-ce pas, vous pensez bien que les trois hommes de Ruaux étaient tristes comme tout, entre les quatre murs de la prison, lorsque, attendez un peu, il entrait dans leur cachot une bonne petite fée du pays... une fée reconnaissable à sa robe noire moirée de feux follets... Bon, la fée s'approche du maire, en train d'allumer sa pipe avec une allumette qui ne prenait pas. (Désignant la petite habillée d'écossais.) Voyez la petite curieuse qui voudrait bien savoir ce qui va arriver... Or voilà qu'avec le bout de l'allumette où il y avait du phosphore, la bonne fée trace sur la muraille un grand cheval... dont le dessin se met à éclairer comme un ver luisant... et, bonté divine, ça devient dans la minute un cheval vivant, un cheval de feu... sur lequel la fée saute, légère comme la plume, en faisant signe aux trois hommes de monter derrière elle... même que le pauvre maître d'école qui n'avait pas trouvé place dessus, était obligé de se pendre des deux mains à la queue du cheval, d'où jaillissaient, mes enfants, tout plein de flammèches et d'étincelles... Mais, seigneur Dieu, étaient-ils déjà assez haut dans le ciel sur ce cheval qui, *trep trip trep trip trep*, allait cent fois plus vite qu'un chemin de

fer. Ils étaient si haut, que les arbres, les maisons,
les bêtes ne leur paraissaient pas plus grands que
ceux de la boîte de joujoux de la Jésus... Et quand ils
étaient en haut comme ça, ne voilà-t-il pas qu'ils se
sentent redescendre, redescendre *à grand pitata*...
oh! mais vite; plus vite que jamais oiseau de l'air n'a
volé, vers une grande bande bleue, qui leur fait crier
vec une peur de tous les diables: « La mer! la mer!...»
Patatra, sur une ruade du cheval de feu, les trois
hommes sont jetés la tête en bas, dans ce qu'ils
croyaient la mer... et qui était un champ de lin...
qui est tout bleu, et d'un bleu de bluet, quand le lin
est en fleur... Alors, après avoir marché une heure
dans le champ bleu, les trois hommes étaient bien
étonnés d'apercevoir le clocher de Ruaux, où ils arrivaient presque tout de suite, et où ils mouraient
beaucoup d'années après... n'ayant, jusqu'au jour
de leur mort, jamais plus parlé qu'en patois... Êtes-
vous contentes, les fillettes?

LES FIFILLES en chœur.

Oui, oui, ma cousine.

MADEMOISELLE DE VARANDEUIL.

Là-dessus, mes enfants, je vous laisse manger
votre dessert. (S'adressant à mademoiselle de la Rochedragon.)
Toi, la grande, veille à ce que la marmaille ne me
casse pas toute ma pauvre verrerie... Vous savez, il
ne faut pas aussi faire trop tourner Germinie en
bourrique... Et qu'on n'oublie pas de venir embrasser
ma vieille figure avant de s'en aller. (Elle rentre dans sa
chambre.)

SCÈNE II

LES SEPT PETITES FILLES, GERMINIE,
versant du champagne.

LA FIFILLE *habillée d'écossais.*

Oh! du champagne, du champagne. (Elle boit d'un coup son verre et fait après une série de grimaces étranges.)

MADEMOISELLE DE LA ROCHEDRAGON, avec dignité.

Où mademoiselle se croit-elle ici?... S'il vous plaît, que ça ne recommence pas! (La fifille en écossais laisse tomber sa tête dans son assiette et reste immobile.)

LA FIFILLE *aux bretelles roses.*

Oui, l'après-midi, nous avons joué *à la marquise* chez la petite Tony-Freneuse... Sa maman nous a prêté ses belles robes... Ça fait que nous avions de très grandes queues... et *l'estomac tout déshabillé.* Oh! que c'était amusant.

LA FIFILLE *à la berthe.*

Moi, mon oncle m'a fait, et aussi à mes sœurs, des pipes en papier... puis on les a remplies avec des feuilles de rose, et nous avons fumé à côté de mon oncle, comme dans des pipes allumées.

LA FIFILLE *à la robe blanche.*

Eh bien moi, je me suis encore plus amusée que tout le monde... j'ai été à une matinée où il y avait un guignol... Oh, que c'était drôle!... Écoutez ça, les autres... D'abord c'était un polichinelle... après, un pierrot... après un homme qui disait qu'il allait faire la bataille... alors il a appelé Rigolo qui n'est jamais

là, disait son maître, quand on l'appelle et toujours
là, quand on n'a pas besoin de lui... enfin il venait...
alors il lui demandait s'il voulait se battre en duel à la
place de lui... avec un homme habillé de bleu... « Oui,
oui, qu'il a fait, mais il faut donner de l'argent... —
Dix francs ? — Non... — Vingt francs ? — Non...
— Cinquante francs? — Non... » Il fallait donner
cent francs... Après, après on a tiré la loterie... après
on a dansé... et après encore, il y a eu un petit qui a
mis sur sa tête du papier doré... et qui avait l'air d'un
roi ancien...

LA FIFILLE *à la robe grise.*

Dites donc, ma bonne Germinie... est-ce qu'il y a
encore du plat sucré ?

GERMINIE.

Mais non, mademoiselle, vous voyez qu'il n'y en a
plus.

LA FIFILLE *à la robe grise.*

Ah... alors, je n'ai pas mangé assez vite.

LA FIFILLE *habillée d'écossais,* restée aplatie la figure sur son
assiette, et qui sans qu'on la vît, avait dégrafé sa robe, se dresse tout
debout, en chemise, sur sa chaise, en faisant de grands gestes dans le
vide.

Ma chemise entre mes bras, *prechi, precha...* Je
suis grise, je suis grise... Oh, ça tourne !

GERMINIE, la prenant entre ses bras.

Voyons, soyez raisonnable, petite ivrognesse !

LA FIFILLE *habillée d'écossais.*

Germinie, je veux t'embrasser comme je t'aime...
toi qui nous fais de si bons dîners tous les ans... Mes-

demoiselles, faut toutes l'embrasser. (Et pendant que Germinie assise lui repasse sa robe, toutes les petites filles sortent de table, l'entourent, sautent après elle, et l'embrassent, tout en pillant les deux petits cerisiers de la table.)

GERMINIE.

Laissez, oh, laissez-moi donc, mesdemoiselles... Qu'est-ce que vous avez donc aujourd'hui ?... Vous êtes toutes de petites folles... C'est assez... avant qu'on vienne vous chercher, allez dire le bonsoir à mademoiselle. (Toutes les petites filles passent dans la chambre de mademoiselle de Varandeuil.)

SCÈNE III

GERMINIE, tombant sur une chaise.

Dieu de Dieu, c'est fini... J'ai bien cru que je n'irais pas jusqu'au bout... Que je souffre... oh, que je souffre... Ah oui, ça doit être le commencement des grandes douleurs... Si cependant j'allais me trouver mal... Non, je ne veux pas... Voyons, rappelons-nous bien tout... mon paquet est prêt dans la cuisine... n'y a plus qu'à cacheter le bout de papier où j'écris à mademoiselle que je suis malade... que je pars à l'hôpital... que je ne lui dis pas où, parce que ça la fatiguerait de venir me voir... Adèle va aller me chercher une voiture... Elle m'a juré que si je restais là-bas, elle ne dirait pas un mot à mademoiselle... L'idée qu'un jour, si je venais à mourir, mademoiselle pourrait savoir... Ah, les petits anges du dîner... leurs caresses à la Germinie d'à c't' heure... ah, je ne sais pas... mais j'avais envie de leur essuyer la bouche après...

SCÈNE IV

GERMINIE, JUPILLON, entrant par la porte de la cuisine.

GERMINIE.

Malheur!... toi ici... après ce qui s'est passé avec ta mère.

JUPILLON, faisant un geste d'embarras, au bout duquel regardant Germinie.

Oh mais, quelle fichue mine tu as!

GERMINIE.

Oui... je suis prête d'accoucher... je vais mettre au monde ton enfant... Ça m'a pris dans l'après-midi... Il y avait un grand dîner... Ah, ç'a été dur... Un moment je me suis vue si pâle que je suis descendue chez Adèle, et que je lui ai dit : « Mets-moi du rouge de la maîtresse. » (Elle passe son mouchoir sur sa joue et le montre à Jupillon.) Mais au fait... même du temps où tu étais mon amant, je t'avais dit de ne jamais mettre les pieds chez mademoiselle... c'est sacré comme à l'église, ici!

JUPILLON.

C'est que je vais te dire... il me faut quarante francs... là, de vrai, sans blague... vois-tu, c'est pour un billet qui pourrait me faire avoir des désagréments avec le procureur du roi...

GERMINIE.

Quarante francs, quarante francs... mais c'est tout ce que j'ai pour la sage-femme.

JUPILLON.

C'est embêtant... voilà... Que veux-tu? du moment que c'est pour la sage-femme... Cristi... ces quarante francs-là, je vais avoir de la peine à me les faire offrir.

GERMINIE, après un instant de combat.

Tiens, prends donc, grande bête!

JUPILLON, regardant les deux louis dans sa main.

Toi, comment feras-tu?

GERMINIE.

Et la Bourbe, pourquoi que c'est fait!

JUPILLON, retirant les louis qu'il avait commencés à mettre dans sa poche.

D'honneur, je ne peux guère...

GERMINIE.

Oh! là ou autre part, va!... Et puis j'ai encore de quoi payer le fiacre!... Là-dessus démarre d'ici... viens... partons. (Ils sortent.)

SIXIÈME. TABLEAU

SIXIÈME TABLEAU

---

*Une crèmerie, où se voient aux vitres de la devanture
des pyramides de chocolat de la Compagnie coloniale
espacées de petits verres à liqueur, et de corbeilles
d'œufs portant, écrite au crayon, la date du jour où
ils ont été pondus. Au-dessus de la porte, l'enseigne
faite d'une moitié d'un pot à lait de cuivre.*

*Au milieu de la pièce, un poêle surmonté d'un arc de
triomphe en coquilles d'escargot, reliées par de la
mousse, et sous lequel est un petit Napoléon en
nickel, représenté dans sa redingote historique.
Quatre petites tables, sur lesquelles sont posés des
bols à lait, préparés d'avance pour les consomma-
teurs. A une de ces tables, madame Jupillon mère
est assise dans un grand fauteuil de canne, un
oreiller dans le dos, un chien dans sa jupe, de l'autre
côté, à cheval sur un tabouret, Jupillon fils fume
une cigarette.*

SCÈNE PREMIÈRE

MADAME JUPILLON mère, JUPILLON fils.

MADAME JUPILLON.

Vingt-deux... vingt-deux... dire que tu as amené

le vingt-deux... Je t'avais pourtant cousu dans ton paletot une araignée, noire, veloutcuse, avec sa toile.... Ah, j'aurais bien plutôt dû faire, comme on m'avait dit... te mettre ton béguin avec lequel on t'a baptisé... Tu as vu ton ancien patron ?

JUPILLON.

Oui, que je l'ai vu... mais il n'y a pas à se monter la cervelle, ma petite mère... c'est pas lui qui aura l'idée de m'avancer de quoi m'acheter un homme... il a une dent contre moi, le vieux parfumeur, pour l'avoir quitté et m'être établi,.. C'est, après tout, assez naturel.

MADAME JUPILLON.

Non, non, le bon Dieu n'est pas juste... Pensez que le fils de la bouchère en a eu un bon... Soyez donc honnête... juste dans le moment, ces deux coquines du 48, qui lèvent le pied avec mon argent... Elles me refont de plus de sept cents francs, sais-tu ?... Et la moricaude d'en face... et la petite gueuse qui avait le front de manger des pots de fraise de vingt francs... ce qu'elles m'emportent encore, celles-là... Ah, ce n'est pas tout bénéfice avec ces dames... Mais, va, tu n'es pas encore parti, tout de même... Je vendrai plutôt la crèmerie... je me remettrai en service, je ferai la cuisine, je ferai des ménages, je ferai tout !... Pour toi... je tirerais de l'argent d'un caillou.

JUPILLON.

Assez causé, maman... tout ça, c'est des mots... Tu te tourmentes la digestion, et ce n'est pas la peine... T'as pas besoin de rien vendre... T'as pas

besoin de te fouler... je me rachèterai, et sans que
ça te coûte un sou.

MADAME JUPILLON.

Jésus !

JUPILLON.

J'ai mon idée. (Après un silence.) Je n'ai pas voulu te
contrarier... au sujet de Germinie... lors des histoires entre vous. . tu as cru qu'il était temps de me
la casser avec elle... et tu l'as flanquée à la porte...
et raide... Moi, ça n'était pas mon plan... Je trouvais
qu'elle n'était pas si mauvaise que cela pour le beurre
de la maison... Tu as cru bien faire, n'est-ce pas ?

MADAME JUPILLON.

Elle n'a plus le sou !

JUPILLON.

A elle... je ne dis pas... mais quèque ça fait... si
elle les trouvait... les deux mille trois cents balles,
hein ?

MADAME JUPILLON.

Mais si tu es compromis ?

JUPILLON.

Oh, elle ne les volera pas, va !

MADAME JUPILLON.

Savoir !

JUPILLON.

Eh bien, ça ne sera qu'à sa maîtresse !... Est-ce
que tu crois que sa demoiselle la fera pincer pour

ça... Elle la chassera et puis ça en restera là... Nous
lui conseillerons de prendre l'air d'un autre quartier,
voilà... et nous ne la verrons plus... Mais ce serait
trop bête qu'elle vole... Elle s'arrangera, elle cher-
chera, elle se retournera... je ne sais pas comment
par exemple... mais tu comprends, ça la regarde.
(Riant ironiquement.) C'est le moment pour elle de montrer ses talents... Au fait, tu ne sais pas, on dit
que sa vieille demoiselle est un rien crevarde... si
elle venait à claquer, cette bonne demoiselle... et
qu'elle lui laisse tout le bibelot, comme ça court
dans le quartier, hein, maman, ça serait encore
pas mal godiche de l'avoir envoyée à la balançoire...
Vois-tu, maman, il faut mettre des gants... avoir plus
de révérence que ça, quand c'est des personnes aux-
quelles il peut tomber quatre ou cinq mille livres de
rentes sur le casaquin !

MADAME JUPILLON.

Ah, mon Dieu, qu'est-ce que tu me dis ?... il y a
donc du nouveau entre vous... et tu ne me racontes
rien... tu me laisses là, sans rien savoir...

JUPILLON, se levant et marchant dans la crèmerie.

Le nouveau, le voilà... Deux ou trois jours après
que j'ai eu amené le 22, j'ai été un peu prendre l'air,
le soir, devant sa maison, et lorsqu'elle est venue à sortir, je lui ai dit dans le dos : « Bonsoir, Germinie ! »
Elle a voulu se sauver... Ah ouiche... (Il rit méchamment.)
Je te l'ai rappelée... « C'est-y encore de l'argent
ou des sottises de ta mère à me dire ? » a-t-elle fait.
Sur ce, j'ai pris mon air pénétré numéro un. « Non,
c'est que je m'en vais... Je suis tombé au sort... et
je vais partir. » Elle ne fait pas mine de comprendre
tout d'abord, la pauvre bougresse ! Je continue :

« Tiens, Germinie, je t'ai fait de la peine... je n'ai pas été toujours gentil avec toi... Qu'est-ce que tu veux ? — Tu pars, m'a-t-elle dit alors, — comme réveillée tout à coup, et en me prenant le bras à me faire crier, — ne mens pas... tu pars ? — Puisque je te dis que oui... je n'attends plus que ma feuille de route... Il faut plus de 2000 francs pour un homme, cette année... On dit qu'il va y avoir la guerre... enfin c'est une chance... Allons, adieu... Faudra-t-il t'écrire du régiment ?... » Là-dessus, elle me rempoigne le bras, comme si elle ne voulait plus le lâcher, et sans prononcer une parole, et avec des gestes qu'on la prenait pour une folle, elle me fait aller et venir dans l'avenue Trudaine, où à cette heure il ne passe que des tapissières, chargées de quartiers de viande de boucherie : une promenade amoureuse qui n'avait rien de folichon... et pendant laquelle je lui coule en douceur : « Allons donc, ne sois donc pas bonnet de nuit comme ça... faut une philosophie en ce monde... Eh bien, me voilà soldat... après tout, c'est pas sûrement la mort... on n'en revient pas toujours... mais des fois... Tiens, si tu voulais... les quinze jours qui me restent... nous rigolerions un peu... parce que ce serait autant de pris... et que si je ne reviens pas... eh bien, je t'aurais laissée sur un bon souvenir de moi. »

MADAME JUPILLON.

Et à ça, qu'est-ce qu'elle t'a dit ?

JUPILLON.

Rien de rien... mais...

SCÈNE II

MADAME JUPILLON mère, JUPILLON, ADÈLE
entrant.

JUPILLON.

Tiens, la Luxembourgeoise... en v'là une surprise.

MADAME JUPILLON, se levant.

Fectirement qu'il y a des éternités qu'on ne vous a vue... Il vous faut, ma belle enfant ?...

ADÈLE.

Deux sous de beurre et huit sous d'absinthe pour madame... de la soupe et à boire... Ah ! mes enfants, dans quelle panne nous sommes !... La drôle de vie qu'on mène chez nous dans le moment... Quand c'est comme ça, madame se couche et lit toute la journée des romans... Oui, que nous avions pourtant du *quibus*, il y a six semaines... mais madame est une gaillarde qui mangerait vingt héritages et dix royaumes... Tiens, tiens, tous les deux en tête-à-tête, c'est-y assez tableau de famille... et la petite fripouille qui est là, ça ravage toujours les cœurs du quartier ?

MADAME JUPILLON, servant Adèle.

Hein ? un rien de doux ou de dur?

ADÈLE.

Du doux, un cassis... J'ai attrapé un sacré polisson de savoyard de rhume qui...

MADAME JUPILLON, lui versant à boire.

Est-ce qu'on ne disait pas que vous deviez partir

avec votre maîtresse pour un pays, un pays impossible ?

ADÈLE.

Peut-être, si la dèche continue... (Buvant son petit verre.) Mais allez, madame Jupillon, ce pays sera toujours un pays, où le derrière des gens... est le premier à s'asseoir.

MADAME JUPILLON.

Et qu'est-ce que devient votre maison ?... et Germinie, qu'est-ce que vous en faites ?

ADÈLE.

Germinie, qu'est-ce que j'en fais?... pas grand chose... Pour ainsi dire, je ne la vois presque plus... Elle passe tout son temps, renfermée avec sa vieille... Oh que non, que ce n'est pas la jovialité en personne en ce moment... Elle fait vraiment pitié... La mort de sa petite, ç'a été pour elle un coup que j'ai cru que la tête lui partirait... Ah ! maintenant lui proposer une petite bambochade, on serait reçu... comme si on proposait un corset de satin à un grenadier du roi de Prusse... Puis le quartier n'est pas gentil pour elle... depuis qu'on a su qu'elle avait nocé avec toi, petite horreur d'infamie... Non, non, ce n'est plus la casquette à la main qu'on lui parle maintenant... et les fournisseurs, pour un peu qu'elle marchande, ne se font pas faute de l'appeler *raleuse*... et rentre-t-elle avec un bon morceau dans son panier, notre canaille de portier est là pour regarder dedans, et lui dire : « Moi qui aime tant ça !... » un tas de *judasseries* que tout le monde lui fait, quoi !... Au fait, ces derniers temps, je ne l'ai pas vue du tout. A ce qu'il paraît, elle est en course du matin au soir, on ne sait pourquoi... Ah mais, tiens, j'oubliais, il y a au moins de cela un mois... oui un matin que nous étions, avec la Richebraque et la Chalopin, à *tuer le rer*, chez chose... tu sais, qu'on appelle Arrache-l'Ame, voilà Germinie qui fait *subito* son entrée au milieu de nous, l'air tout *de profundis*... et elle qui ne boit jamais, ne prend-elle pas mon verre, en disant : « Qu'est-ce que c'est que ça? j'en veux. — Ça, que je lui réponds, c'est le *mélo* à mon ancien *piou*, quelque chose de raide, je t'avertis.» Oh, la drôle de grimace qu'elle faisait en le goûtant, avec des yeux tout, tout rapetissés, comme un enfant auquel on donne à boire un verre de liqueur. « C'est bon tout de même! a-t-elle fait... Eh, l'Arrache-l'Ame, la bouteille par ici, je paye!... » Au bout de deux verres, elle est partie d'un grand éclat de rire, en criant : « Je suis *paf*... » Ah, mes enfants, elle était soûle comme la bourrique du pape... Mais nom d'un nom, madame doit s'impatienter après sa soupe. Eh, la mère Jupillon, mon beurre et mon absinthe. C'est-il *embaluchonné* ? (Elle sort.)

SCÈNE III

MADAME JUPILLON mère, JUPILLON fils.

JUPILLON, voyant sa mère retomber anéantie dans son fauteuil.

T'es malade, m'man ?

MADAME JUPILLON, après un silence, et ne répondant pas
à la question de son fils.

Non, bien sûr, après la sottise que je lui ai faite... elle ne voudra jamais revenir ici.

JUPILLON.

C'est clair que te revoir, ce ne sera pas pour elle

un sujet de jubilation... L'autre jour, sans en avoir
l'air, j'ai tenté de la mener de ce côté-ci. « Où me
mènes-tu ? a-t-elle fait tout à coup. — Chez m'man !
lui ai-je répondu.—Après ce qu'elle m'a dit. Jamais ! »
qu'elle a jeté au plafond du ciel.

MADAME JUPILLON.

Oh, je ne me le pardonnerai de toute ma vie... c'est
moi qui aurai été cause que tu seras soldat !

JUPILLON.

M'man, as-tu fini de *rebequeter* toujours la même
chose?... Écoute donc ce que je lui ai conté à ton sujet : « Ma mère, oui, n'a pas été juste pour toi...
Vois-tu, elle a été trop honnête toute sa vie, cette
femme!... Elle ne sait pas, elle ne comprend pas
l'amour... Et puis je vas te dire le fond de tout : c'est
qu'elle m'adore tant, qu'elle est jalouse des femmes
qui m'aiment! »

MADAME JUPILLON, larmoyant.

Non, non, elle ne reviendra pas.

JUPILLON.

Et moi, je te soutiens qu'elle reviendra... Faut lui
donner, n'est-ce pas, le temps de ramasser ses *mo-
nacos*... Elle reviendra, oui, avant huit jours, avant
quatre jours, avant deux jours, peut-être ce soir !...
Quant à toi, m'man, pas d'excuses, c'est inutile... de la
froideur même... Aie l'air de la recevoir seulement à
cause de moi... par faiblesse... on ne sait pas ce qui
peut arriver... faut toujours se garder à carreau. (Tendant l'oreille du côté de la porte.) On vient ici en courant...
une femme... c'est elle !

SCÈNE IV

MADAME JUPILLON mère, JUPILLON fils, GERMINIE.

GERMINIE, poussant la porte avec violence, et sans dire ni bonjour ni bonsoir à personne, allant à la petite table où sont assis la mère et le fils, elle pose sous une main crispée un morceau de toile, où sonne de l'argent.

Voilà. (Alors lâchant les coins du morceau de toile d'où l'argent se répand sur la table, et avec un rire douloureux.) Eh oui, des billets de banque rattachés avec des épingles, des vieux louis à l'or verdi, des écus de cent sous tout noirs... et des pièces de quarante sous et des pièces de dix sous... Oui, de l'argent de la tirelire, de la ceinture de cuir... de l'argent sali par des mains sales... Ah! il y a de tous les argents, ici! (Et après avoir contemplé un moment le tas de billets et d'argent, d'une voix douce et triste.) Mais ça y est... les 2300 francs pour qu'il se rachète.

MADAME JUPILLON, se levant et allant l'embrasser.

Ah! ma bonne Germinie... vous allez prendre quelque chose avec nous.

GERMINIE, qui s'est laissé faire, après un geste inconscient de la main, comme si elle essuyait le baiser donné.

Non, merci, je n'ai faim et soif que de mon lit... Ce que je suis lasse, mon Dieu! (S'appuyant les deux mains sur la table, pendant que Jupillon lui approche une chaise sur laquelle elle ne s'assied pas.) Voyez-vous, ce qu'il a fallu courir pour rassembler une pareille somme... pour réaliser cela d'impossible... pour trouver 2300 francs, quand on n'a pas les premiers cinq francs... Ce qu'il a fallu quêter, mendier, arracher, pièce à pièce, sou à sou... ce qu'il a fallu gratter, ici et là, sur les uns et les autres, par emprunts de 200, de 100, de 50, de 20 francs... de ce qu'on a voulu enfin... Oh! j'ai fait là des choses que je n'aurais pas faites pour trouver du pain. (Tenant à distance Jupillon, qui a cherché à lui prendre les mains pour l'embrasser.) Va, pas de remerciements... je n'ai pas compté sur de la reconnaissance... Oh! je n'ai pas d'illusions... Toi, tu me feras toujours des misères, et ta mère, elle... demain peut-être me remettra à la porte.

MADAME JUPILLON.

Ah! c'est-y possible de se faire des chimères comme ça!

JUPILLON.

Germinie, tu es folle!

GERMINIE.

Non, voyez-vous, ça ne vous regarde pas, tous les deux, ce que j'ai fait pour lui... c'est un mouvement qui a été en moi, et plus fort que ma volonté... Ah! l'idée de te voir mort d'une blessure par laquelle s'en irait tout ton sang... là, sur un champ de bataille.

JUPILLON.

Du reste, j'espère bien que tu es persuadée que, si nous acceptons maman et moi... c'est que nous sommes certains de te le rendre bientôt... ton argent.

GERMINIE, tristement ironique.

Pas plus que l'autre, pauvre ami... pas plus que l'autre!... Mais entends-moi jusqu'au bout. (Désignant le tas d'argent.) Cet argent-là, regarde-le bien, va être mon maître... et un dur maître... il m'a fait le chien soumis de tous ceux qui m'ont prêté. Jusqu'à ma mort,

8

mes gages, (Sur un ton ironique) au taux où on m'a
obligé, mes gages en payeront à peine l'intérêt... et
privée de tout, à perpétuité, je devrai, je devrai encore, toujours... Oui, pour toi... j'ai signé ma misère
éternelle... Bonsoir la société.

(Elle sort tragique, son châle presque détaché des épaules, lui balayant
les talons.)

SEPTIÈME TABLEAU

SEPTIÈME TABLEAU

L'ancien bois de Vincennes avec ses chênes malingres mangés de chenilles et n'ayant plus que la dentelle de leurs feuilles, et au travers duquel courent de petits chemins à l'herbe jaune entremêlée d'horties et de vieilles côtes de melon. Bruits d'orgue, par moments, dans le lointain.

SCÈNE PREMIÈRE

GERMINIE, ADÈLE.

ADÈLE.

Tu m'as étonnée joliment, sais-tu, quand tu t'es décidée à venir avec nous... Je croyais que ces noces-là... c'étaient plus des parties pour toi?

GERMINIE, faisant un geste désespéré.

Oh! oui, je n'en voulais plus... mais faut croire que je suis née maudite!... Et qui est de la fête, m'as-tu déjà dit?

ADÈLE.

La grosse et la petite Badinier... puis des hommes
tout à fait *rupins*... mon *marchand de mort subite*...
oui, mon nouveau, le maître d'armes du vingt-qua-
trième... et qui amène un de ses amis, son ami Gautruche, un vrai père la Joie... Qu'est-ce que t'as
apporté ?

GERMINIE.

Moi... un homard, acheté chez le charcutier qui est
à notre porte... Eh bien, ils n'y sont pas encore les
hommes ?

ADÈLE.

Ils ne manqueront pas, va... quand il y a à licher,
il ne boude jamais... le mien.

GERMINIE.

Dis donc, Adèle, nous n'allons pas rester sur nos
jambes, en les attendant.

ADÈLE.

Je te crois... avec ça que j'ai dans mon sac tout le
bataclan de la vaisselle... et un pâté qui pèse bien
trois livres. (Les deux femmes nouent leurs chapeaux aux branches
d'un arbre.)

GERMINIE.

Quel temps !... fait-il chaud et fade, hein ? (Elle porte
la main à son cou.) Moi, aujourd'hui... il me semble que
j'*haleine* du feu... Tiens... voilà un coin d'herbe où
nous serons bien dessus. (A côté d'Adèle qui s'est assise, Germinie s'étend tout de son long, et abîmée en elle, et ne parlant pas, elle
fait seulement le mouvement de poser ses mains à côté d'elle, à plat sur
l'herbe, puis de les retourner sur le dos, recommençant perpétuellement

à chercher la fraîcheur de la terre pour éteindre le brûlement de sa peau.)

ADÈLE.

T'as donc la fièvre dans les mains... à les promener comme ça dans l'herbe, après la fraîcheur.

GERMINIE.

Hein ? (Et sans plus répondre, elle continue à tâtonner dans l'herbe des places où elle n'a pas encore posé ses mains.)

ADÈLE, au bout de quelques instants.

En v'là une feignante... tu pionces ? (Germinie la regarde, en ouvrant de grands yeux, et continue à garder le silence, se livrant toujours à son manège.) Tiens, tiens, voilà Gautruche qui s'annonce. (A ce moment on entend dans la coulisse :

> Un coup de sirop
> Ça donne de la force
> Au torse.
> Un coup de sirop
> Ça fait bien, ça n'est pas trop.

Adèle qui s'est levée et qui regarde dans la coulisse.) Ils y sont bien tous, ma foi, et Gautruche... et Cognard... et la grosse et la petite Badinier.

SCÈNE II

GERMINIE, LA GRANDE ADÈLE, LA GROSSE BADINIER, LA PETITE BADINIER, COGNARD, GAUTRUCHE.

GAUTRUCHE, entre en répétant le commencement du couplet chanté dans la coulisse.

> Un coup de sirop
> Ça donne de la force
> Au torse.

N'est-ce pas, mesdames... et avec mes très humbles respects, voilà de quoi vous arroser le goulot. (Il montre le panier de vin qu'il porte.)

GERMINIE, à part à Adèle.

Il a une drôle de tête, ton peintre en bâtiment.

ADÈLE, bas.

Oui, qu'on dirait que c'est Dieu le père, du temps qu'il était encore jeune.

GAUTRUCHE.

Oh! mais quelle *flemme*, mesdames... Comment, on n'a pas encore mis le couvert... moi qui ai une faim, une faim... Je n'ai dans l'estomac, depuis ce matin, qu'un méchant bouillon... Et celui-là, Cognard, toi qui es un fier maître d'armes... tu ne lui aurais pas crevé les yeux, mon bonhomme !

ADÈLE, à Germinie.

Je te dis qu'il ferait rire un as de pique, cet homme !

GAUTRUCHE.

Allons, tout le monde à la besogne. (A la petite Badinier.) Vous, mon petit ange, déballez la cochonnaille. (A Cognard.) Que l'armée débouche les litres. (A la grande Badinier.) Toi, le gros tampon, tu es préposée aux assiettes et aux verres. (Lançant une grosse pierre qui tombe près de Germinie.) As pas peur... c'est votre chaise, mademoiselle !... les serviettes, vous le savez, c'est les mouchoirs... Moi, vous voyez, je me charge des bateaux en papier pour mettre le sel... Ça y est-y... ça y est-y?... Ça y est... Alors, Boum... Pavillon... Servez! (Tout le monde s'étant mis à manger et à boire, au bout d'un instant il s'adresse à la grosse

Badinier.) Mes compliments, voisine, ça me semble que vous chiquez comme un Limousin... Oui, c'est bon de bouffer... Mais quelques paroles entre chaque bouchée, ça ne nuirait pas... Voyez-vous, au fond notre festival manque de gaieté... il serait nécessaire, croyez-le bien, d'un peu nous submerger... Allons, Cognard, montrez l'exemple.

ADÈLE.

Mon petit Gautruche, ne le pousse pas trop, mon homme, sur la boisson... parce que lui, si bonasse, quand il a tortillé deux ou trois litres... il chercherait querelle à un lézard empaillé.

COGNARD, avec un fort accent alsacien.

V'là bien les inventions des femmes... Naturellement... elle ferait croire que pour un peu que je sois gai, je me métamorphose en émeute...

GAUTRUCHE, versant à boire à Germinie.

Et vous, voisine, dont on a pas encore aperçu la couleur des paroles, est-ce que vous seriez par hasard au service de la Belle au Bois dormant? (Il s'arrête de verser.)

GERMINIE, ne répondant pas et laissant son verre tendu.

Encore !

ADÈLE.

Laisse faire, Gautruche... à côté de toi c'est de la femme qui a de la peine à se mettre en train, mais je la connais, tu vas bientôt la voir dans le régiment des emballées.

LA GROSSE BADINIER.

Dédèle, si tu nous chantais quelque chose?

9

ADÈLE.

Je n'ai pas le vent aujourd'hui.

GAUTRUCHE, battant avec son couteau contre son verre un larifla,
et se levant sur les deux genoux.

Mesdames; à la santé d'un homme dans le malheur...
à la mienne... Ça me portera peut-être bonheur...
Lâché, oui, mesdames... Eh bien, oui, on m'a lâché !
Je suis veuf ! mais veuf comme tout, *razibus*... Ce
n'est pas que j'y tenais à celle que j'aimais... mais
l'habitude, cette vieille canaille d'habitude... Enfin je
m'ennuie comme une punaise dans un ressort de
montre... Moi qui aime l'amour comme s'il m'avait
fait... Pas de femme... En voilà un sevrage pour un
homme mûr !... C'est-à-dire que depuis que je sais ce
que c'est, je salue les curés... ils me font de la peine,
parole d'honneur... Plus de femmes, et il y en a tant...
Je ne peux pas pourtant me promener avec un écri-
teau : *Un homme vacant à louer présentement.*
S'adresser... D'abord faudrait être plaqué par m'sieu
le préfet... et puis on est si bête, ça ferait des rassem-
blements... Tout ça, mesdames, c'est à cette fin de
vous faire assavoir que, si dans les personnes que vous
connaissez, il y en avait comme ça, une qui voulût
faire une connaissance... honnête... un bon petit
mariage à la détrempe... faut pas se gêner... Je suis
là... Médéric Gautruche, un homme d'attache, un
vrai lierre d'appartement pour le sentiment... Et
rigolo comme un bossu qui vient de noyer sa femme...
Gautruche, dit Gogo-la-Gaieté, quoi !... Un aimable
garçon *à la coule* qui ne bricole pas de casse-têtes,
un bon *zig* qui se la passe douce, et qui ne se donnera
pas de colique avec cette *anisette de barbillon.* (Il jette à
vingt pas la bouteille d'eau, dont une femme mouillait son vin.) Et vive

les murs ! Ça c'est à papa, comme le ciel au bon Dieu !
Gogo-la-Gaieté les peint la semaine, Gogo-la-Gaieté
les bat le lundi ! Avec ça, pas jaloux, pas méchant,
pas cogneur, un vrai amour d'homme qui n'a jamais
fait un bleu à une personne du sexe.

LA GROSSE BADINIER.

Oh, cet homme est-y, l'est-y *syntipathique !*

LA PETITE BADINIER.

Sympathique, ma sœur !

LA GROSSE BADINIER.

Eh bien oui, syntipathique.

GAUTRUCHE, continuant.

Quant au physique, parbleu ! C'est moi ! (Il se lève,
dressant son grand corps dégingandé, sous son vieil habit bleu à bou-
tons d'or, et montrant son crâne chauve sous son chapeau gris.) Vous
voyez ce que c'est... Ce n'est pas une propriété d'agrément, ce n'est pas flatteur à montrer... Mais c'est de
rapport... un peu démeublé mais bien bâti... Dame,
on vous a ses petits quarante-neuf ans... pas plus de
cheveux que sur une bille de billard, une barbe de
chiendent qu'on en ferait de la tisane, des fondations
pas mal tassées, des pieds longs comme la Villette...
avec ça maigre à prendre un bain dans un canon de
fusil... Voilà le déballage... Passez le prospectus...
Si une femme veut de tout ça en bloc... une personne
rangée... pas trop jeune et qui ne s'amuse pas à me
badigeonner trop en jaune... Maintenant je ne
demande pas absolument une princesse des Bati-
gnolles. (Germinie, qui l'a regardé tout le temps fixement, lui arrache
de la main son verre, au moment où il le prend pour boire, le vide à
moitié d'un trait, et le lui tend du côté où elle a bu.)

GAUTRUCHE.

Alors, ce seraient nos fiançailles.

GERMINIE, imitant l'accent alsacien de Cognard.

Naturellement.

GAUTRUCHE.

Eh bien, mesdames et messieurs, vous allez me voir publier nos bans à la *mairerie* de la nature. (Il se lève avec un couteau ouvert et s'approche d'un arbre.) D'abord un cœur grand format... couronnée par une flamme de volcan... Au fait, vous ignorez peut-être que je suis le premier à Paris pour filer la majuscule à main levée... Voulez-vous des lettres *monstres*, des lettres de caprice, des lettres ombrées... mais non, je ferais trop attendre la société... contentons-nous de lettres toutes bêtes... C'est bien Germinie Lacerteux, n'est-ce pas.., et je crois encore être sûr que c'est Méderic Gautruche... Maintenant datons : Ce 17 juillet 1859.

LA GROSSE BADINIER.

Le moment est venu, je crois, de *concubiner* notre retour.

LA PETITE BADINIER.

On dit combiner, ma sœur. (La grosse Badinier lève les épaules, et les femmes se mettent à emballer les assiettes et les verres.)

GAUTRUCHE, revenant à Germinie et avec des gestes contournés de gentilhomme.

Mademoiselle Germinie, je regrette infiniment de ne pas vous emmener en Italie pour votre voyage de noce... à la place, je vous propose une promenade à pied jusqu'au boulevard Rochechouart, où je vous offrirai, si vous daignez l'accepter, l'hospitalité de nuit de mon hôtel garni de la *Petite Main bleue*.

(Germinie lui prend le bras et tout le monde les suit.)

HUITIÈME TABLEAU

HUITIÈME TABLEAU

A la nuit tombée, une rue du quartier Saint-Georges, dont, au delà d'une petite place, on voit la perspective montante. Au bas de la rue, est arrêté le cheval blanc de renfort de l'omnibus pour la montée. Le rez-de-chaussée de la première maison à droite, maison à trois façades, toute en vitre, avec deux bornes aux deux coins, est occupée par un marchand de vin, sur l'auvent en verre duquel, éclairé en dedans, on lit :

A MON PLAISIR

M^{son} *Bernard.*

SCÈNE PREMIÈRE

GAUTRUCHE, LE CONDUCTEUR DU CHEVAL DE L'OMNIBUS, puis GERMINIE.

Gautruche, assis sur le rebord du trottoir, cause avec le conducteur du cheval de renfort.)

GERMINIE, arrivant et mettant la main sur l'épaule de Gautruche.

Me voilà... allons, en marche pour là-bas.

GAUTRUCHE, restant assis.

Une minute... J'attends Paillon... tu sais, le petit gros qui est gras comme un chien de fou... il doit souper avec nous. (Le conducteur du cheval de renfort se lève et emmène son cheval.)

GERMINIE, au bout d'un instant.

Il n'arrive pas, ton Paillon ?

GAUTRUCHE.

Tu lui donneras bien les cinq quarts d'une seconde, hein ?... Moi, je ne sais pas ce qu'ont mes jambes, ce matin, machin a voulu me payer un litre à seize... il m'a offert l'honnêteté, j'y ai *roffert* la politesse. Là-dessus nous avons consolé notre café, consolé, consoleras-tu. Et d'alors en alors... Mais si tu t'asseyais, là à côté de moi... on n'est pas absolument dans une bergère, mais on n'est pas trop mal... et si en attendant Paillon, nous causions d'une idée qui m'est venue dans la journée... Ah ! tu ne veux pas t'asseoir, eh bien, ne t'assois pas... Germinie, mon amour, qu'est-ce que tu dirais de ça... une bonne chambre à Montmartre... rue de l'Empereur, et deux fenêtres, avec une vue qu'un Anglais vous en donnerait 5000 francs pour l'emporter... enfin un logis où il n'y aurait pas moyen de faire de la mélancolie... Parce que je vais te dire, je m'embête d'être branché en garni, je m'embête d'être tout seul... Les amis, c'est pas une société... ils vous tombent comme des mouches dans votre verre, quand c'est vous qui payez... mais après, plus personne... Et puis, je ne veux plus boire, vrai de vrai, que je ne veux plus... tu verras... Pas de ça... Attention... Il me semblait que ces jours-ci, j'avais avalé des tire-bouchons... Et je n'ai pas

envie de frapper encore au monument. (Il se lève.)
Alors de fil en aiguille, voilà ce qui m'a poussé... Je
vais faire la proposition à Germinie. Je me fendrais
d'un peu de mobilier... Toi, tu as ce que tu as dans
ta chambre... Tu sais que je ne suis pas trop feignant,
je n'ai pas du poil dans la main pour l'ouvrage... Puis
on pourrait voir à n'être pas toujours à travailler
pour les autres... à prendre une boîte de *cambrou-
sier*... Toi, si tu avais quelque chose de côté, ça aide-
rait.. nous nous mettrions ensemble, gentiment...
quitte à nous faire régulariser, un jour, devant M. le
maire.

GERMINIE, qui a écouté Gautruche, sans aucune manifestation de sa
pensée sur son visage, part d'un éclat de rire strident.

Ah! tu as cru que je la quitterais, elle, mademoiselle... Vrai, tu l'as cru?... Tu es bête, sais-tu? Mais
tu aurais des mille et des cent, tu serais tout cousu
d'or, entends-tu, tout cousu... C'est une blague,
hein?... Mademoiselle! je voudrais bien qu'elle
meure, et que ces mains-là ne soient pas là pour lui
fermer les yeux.

GAUTRUCHE.

Dame, je m'étais figuré... de la façon que tu étais
avec moi.

GERMINIE.

Merci! Monsieur s'était fourré dans la cervelle que
j'allais être enchantée de me mettre avec lui... Eh
oui, tu te disais : Cette bonne bête-là va-t-elle être
contente... Je n'aurai qu'à lui promettre de l'épouser,
elle lâchera sa maîtresse... Voyez-vous ça, mademoiselle qui n'a que moi... Ah! tiens, tu ne sais rien...
Et puis tu ne comprendrais pas... Mademoiselle qui

est tout pour moi... Mais, depuis ma mère, je n'ai
trouvé qu'elle de bonne... Sauf elle, qu'est-ce qui
m'a dit, quand j'étais triste : « Tu es triste »? Et quand
j'étais malade : « Tu es malade »? Personne... Il n'y
a eu qu'elle, rien qu'elle pour me soigner, pour
s'occuper de moi... Allons donc, toi qui parle d'aimer,
pour ce qu'il y a entre nous... Ah! voilà quelqu'un
qui m'a aimée, mademoiselle... Oh! oui, aimée, et
je meurs de ça, sais-tu, d'être devenue une misérable
comme je suis, une... une putain. (Le mot doit être dessiné
par la bouche, respiré, et pas dit.) Oui, je meurs de la tromper,
de lui voler son affection, de la laisser toujours
m'aimer comme sa fille, moi! moi!... Ah, si jamais
elle apprenait quelque chose... sois tranquille!...
ça ne serait pas long... il y en a une qui ferait un
joli saut du cinquième... vrai comme Dieu est
mon maître.

GAUTRUCHE.

Alors, puisqu'on aime sa vieille tant que ça... il
faut coucher chez la bonne dame.

GERMINIE.

C'est mon congé ?

GAUTRUCHE.

Ma foi, ça y ressemble.

GERMINIE.

Eh bien, bonsoir... j'en ai assez de toi.

GAUTRUCHE.

Germinie! (Germinie fait un mouvement dédaigneux d'épaules et
le laisse partir sans se retourner.)

SCÈNE II

GERMINIE, toute seule.

(Germinie en passant devant le marchand de vin, où depuis quelques instants se dessine, sur la lumière des vitres, la silhouette d'un homme au comptoir, se rapproche de la baie, regarde longtemps le buveur, puis se laisse aller dans une pose désespérée et menaçante, accotée à une borne, le dos à la boutique, parlant tout haut, regardée par deux ou trois passants, qui se retournent et la croient ivre ou folle.)

GERMINIE.

Ce serait lui ? (Se retournant et regardant la tête contre la vitre.) C'est bien lui !... Faut que je lui parle, faut que je lui dise... Ah! il n'y a vraiment pas de bon Dieu... Oui, oui, je suis comme la bête au bout d'une corde, et que celui qui a la corde, ramène comme il veut... Oh, c'est pas possible, cet homme m'a jeté un sort... Bien sûr, il m'a fait manger du pain à chanter, comme ça se croit chez nous... L'autre, je l'ai pris... comme j'aurais pris n'importe qui... J'étais dans mes jours où il me faut quelqu'un... Je ne sais plus alors... Ce n'est pas moi qui veut. (Avec un rire féroce.) Je l'ai pris, tiens, parce qu'il faisait chaud !... Mais celui de là dedans. (Elle se retourne et montre Jupillon.) C'est mon amant de malheur... quand je le vois, ma bouche, mes bras, mon corps, tout ce que j'ai en moi de la femme, tout ça, bon gré, mal gré, va à lui...Ah, il pourrait me charcuter à son plaisir, que je ne dirais pas seulement : Aïe ! (Long silence pendant lequel l'air amoureux de sa figure est remplacé par de la méchanceté noire.) Mon Dieu, m'a-t-il fait cependant du mal, cet homme... cet homme pour lequel, si on prêtait dessus, j'aurais mis de ma peau au Mont-de-Piété.

SCÈNE III

GERMINIE, JUPILLON.

GERMINIE, se dressant devant Jupillon, comme une femme prête à
assassiner.

Mon argent ?

JUPILLON, surpris.

Ton argent... ton argent il n'est pas perdu... Mais
il faut le temps... Dans ce moment-ci, ça ne va pas
l'ouvrage... Il y a longtemps que c'est fini, ma boutique... D'ici à trois mois, je te promets... Et la santé ?

GERMINIE.

Canaille, va !... Tu croyais pouvoir filer sans que...
(S'interrompant et parlant comme s'il y avait en elle un commencement
de folie.) Oh ! je ne te l'ai jamais dit... Sais-tu que
pour toi, j'ai fait un coup de galère... j'ai volé... un
jour que tu avais besoin de vingt francs, je les ai pris
dans sa cassette... Il y a une petite glace au-dessus,
tu te rappelles... Oh, j'ai eu peur de ma tête
dedans... avec mon louis dans ma main... On dit
qu'il y a des gens qui se voient la guillotine sur la
figure... c'était ça. (D'une voix profonde.) Ah ! tu es un
grand misérable...

JUPILLON.

Voyons, ma bonne Germinie, c'est pas *chic* une
scène comme ça, en pleine rue.

GERMINIE.

C'est moi qui m'en fiche pas mal... Sais-tu ce que
je veux ?... Je veux qu'on nous arrête... et dire au com-

missaire tout ce que j'ai sur le cœur... qu'il sache
que tu es un brigand, un escroqueur, un filou. (Elle
lui dit ça, en avançant sa poitrine contre la sienne, appelant les coups,
et lui criant à la fin :) Mais bats-moi donc !... Qu'est-ce
qu'il faut que je te dise pour que tu me battes ?... Mais
bats-moi donc !

JUPILLON, se reculant en jetant à Germinie pour l'adoucir.

Voyons, calme-toi... sois gentille... tu n'es pas raisonnable... tu es prise de boisson, ma fille.

SCÈNE IV

GERMINIE, JUPILLON, UN SERGENT DE VILLE.
(Un rassemblement s'est formé d'où sort un sergent de ville.)

LE SERGENT DE VILLE, empoignant brutalement Germinie par le bras
et la faisant tourner sur elle-même.

Allons, vieille pocharde, n'embêtons point monsieur qui ne vous dit rien.

GERMINIE, un moment fléchissante sur ses jambes, puis prise de peur ;
elle se met à courir affolée au milieu de la rue.

Pitié, mon Dieu ! pitié, pitié.

NEUVIÈME TABLEAU

NEUVIÈME TABLEAU

Une salle d'hôpital avec perspective de lits au fond. Germinie couchée dans le lit de premier plan à droite.

Malades et visiteurs très peu en vue. Toute l'action concentrée autour du lit de Germinie, et dans la sinistre succession des créanciers au chevet de la mourante, et faisant comme une procession macabre.

SCÈNE PREMIÈRE

PREMIÈRE CRÉANCIÈRE, GERMINIE.

PREMIÈRE CRÉANCIÈRE.

C'est bon, ma chère... vous me promettez, vous me promettez de ne pas mourir... je sais bien que vous n'en avez pas envie, mais... Vous me dites que le médecin a déclaré à votre demoiselle que vous en réchapperez... on connaît ça... les médecins chantent toujours la même antienne... même à ceux... C'est que si vous pouviez vous voir, là réellement, comme vous êtes, vous seriez effrayée.

GERMINIE.

Mais... puisque vous avez un billet de moi.

PREMIÈRE CRÉANCIÈRE.

Vous êtes excellente, vous, avec votre billet!... et si votre demoiselle ne veut pas le payer... qu'est-ce qui sera enfoncée, hein, c'est moi!... et rien ne m'assure qu'elle le payera... quand il va lui tomber comme ça, sans qu'elle s'y attende et tout d'un coup... ce que vous devez sur le pavé de Paris.

GERMINIE.

Qu'est-ce que vous voulez de moi, enfin?

PREMIÈRE CRÉANCIÈRE.

Ce que je voudrais... c'est simple... elle vous aime bien, à ce qu'il parait, votre demoiselle!... Eh bien, si vous lui disiez que la somme que vous me devez... elle vous est demandée, cette somme, par quelqu'un de votre famille qui en a le plus grand besoin... on ne refuse guère la demande de quelqu'un qu'on aime, quand il est malade comme vous l'êtes... alors, n'est-ce pas, je vous laisserai tout à votre aise... sans vous tourmenter.

GERMINIE.

Oh! de grâce... tenez... laissez-moi aujourd'hui... et revenez jeudi.

PREMIÈRE CRÉANCIÈRE.

Jeudi... huit jours dans l'état où vous êtes, comme vous y allez! (Elle l'embrasse.) Non, ma chère, je reviendrai dimanche.

SCÈNE II

GERMINIE.

GERMINIE.

Oui, ils vont venir comme ça, tous... à la file... faire *chanter* mon agonie. Ah! mourir. (Souriant.) Elle ne sait pas, celle-là, quelle joie ce serait pour moi... elle ne sait pas combien de fois j'ai été tout près de me faire périr... elle ne sait pas quel bonheur j'aurais à sortir de cette galère de vie... moi, moi, une damnée sur la terre! Mais mourir! (Joignant les mains et sur un ton de prière.) Non, mon Dieu, en votre miséricorde, ne le permettez pas, ne le permettez pas... parce que ma mort lui apprendrait tout ce qu'elle ne sait pas, à elle (Désignant mademoiselle de Varandeuil qui apparaît au fond de la salle), à elle que voici, la sainte femme !

SCÈNE III

GERMINIE, MADEMOISELLE DE VARANDEUIL
s'avançant en cherchant des yeux le lit de Germinie.

GERMINIE, se soulevant sur un coude, et d'une voix étouffée appelant deux fois.

Mademoiselle, mademoiselle. (Mademoiselle de Varandeuil se penche sur Germinie la repoussant avec un geste humble de servante, qui n'empêche sa maîtresse de l'embrasser.) Ah! le temps m'a bien duré hier... je m'étais figurée que c'était jeudi... et je m'ennuyais après vous.

MADEMOISELLE DE VARANDEUIL.

Ma pauvre fille... va, si les bourgeois de ce temps-ci ne bâtissaient pas des maisons où les domestiques

soit logés pis que des chiens... sois bien sûre que tu
ne serais pas ici... Et comment te trouves-tu ?

GERMINIE.

Oh, ça va, ça va, mademoiselle... J'ai trois semaines
à rester ici, voyez-vous... Ils disent que j'en ai pour
un mois, six semaines... mais je me connais... Et
puis on est très bien... et je dors un peu la nuit...
J'avais une soif, quand vous m'avez amenée lundi...
mais ils ne veulent pas me donner de l'eau rougie.

MADEMOISELLE DE VARANDEUIL.

Qu'est-ce que tu as là à boire ?

GERMINIE.

Oh ! comme chez nous... de l'albumine... Voulez-
vous m'en verser, tenez, mademoiselle... c'est si lourd
leurs choses d'étain. (Elle se soulève d'un bras avec le bâton
pendant au milieu du lit, et avançant l'autre à demi nu et tout grelot-
tant, elle boit, puis, quand elle a fini, elle pose ses deux bras étendus
hors du lit, sur le drap.) Faut-il que je vous dérange comme
ça, ma pauvre demoiselle !... Ça doit être d'une saleté
finie chez nous ?

MADEMOISELLE DE VARANDEUIL.

Ne t'occupe donc pas de ça... quand tu reviendras...
un fort coup de plumeau, et on n'en verra plus rien.
Un silence.

GERMINIE, avançant sa tête sur l'oreiller de manière à être près de
l'oreille de mademoiselle de Varandeuil, et lui disant tout bas avec un
pâle sourire.

J'ai fait de la contrebande... je me suis confessée
pour être bien.

MADEMOISELLE DE VARANDEUIL.

Voyons, tu ne devais pas avoir de bien gros péchés

à leur raconter... Mais quelle vieille cervelle que la
mienne... voilà que j'allais remporter le petit paquet
pour toi... tu sais, il y a dedans des merises séchées
que t'envoie Marie... Marie, la cuisinière de l'amie
chez laquelle je t'ai emmenée, cet été.

GERMINIE.

La Marie, oh! oui, elle a été bien gentille... quand
elle m'entendait trop tousser, elle se relevait la nuit
pour me donner à boire... et le domestique aussi...
lorsqu'il restait du dessert, il voulait toujours que ce
fût pour moi. (Un silence au bout duquel la figure de Germinie
s'éclaire et s'anime.) Ah! mademoiselle, vous n'avez pas
une idée des yeux qu'ils se faisaient, quand ils
croyaient qu'on ne les voyait pas... Ils se tenaient
encore, lorsque j'étais là... mais un jour, je les ai
surpris dans la chambre à four... ils s'embrassaient,
figurez-vous?

MADEMOISELLE DE VARANDEUIL, impatientée de ces propos
d'amour dans la bouche d'une mourante.

Eh! que ces gens se pigeonnent ou ne se pigeonnent pas, qu'est-ce que ça peut te faire?

GERMINIE, sans écouter mademoiselle de Varandeuil.

Oh! c'est comme ici, allez, mademoiselle, il y en a
des histoires! (A ce moment Germinie s'interrompt avec une
angoisse très visible sur la figure, devant l'apparition d'un homme
s'approchant de son lit.)

SCÈNE IV

GERMINIE, MADEMOISELLE DE VARANDEUIL, DEUXIÈME CRÉANCIER.

Le deuxième créancier, qui a l'air gêné par la présence d'une personne près de la malade, passe de l'autre côté du lit, commence par l'embrasser, et au bout de ce baiser, on perçoit un marmottement d'une demande sourde du créancier, à laquelle Germinie répond à voix basse : « Un acompte... oui, vous l'aurez ! » (Puis l'homme s'en va.)

MADEMOISELLE DE VARANDEUIL, voyant à Germinie la figure toute changée.

Tu souffres ?

GERMINIE.

Non, non.

MADEMOISELLE DE VARANDEUIL.

C'est que tu n'as plus la même figure qu'au commencement. Et tu disais qu'il y avait des histoires ici ?

GERMINIE, se ranimant, toute fiévreuse, et comme jalouse d'avoir, si près de la mort, entendu de l'amour à côté d'elle.

Oh ! oui, des histoires... J'ai une drôle de voisine, allez, là. (Elle montre d'un coup d'œil et d'un mouvement d'épaule le lit derrière elle.) Elle a un frère des écoles chrétiennes qui la vient voir ici... Il lui a parlé hier pendant une heure... J'ai entendu qu'ils avaient un enfant... Elle a quitté son mari. Il était comme un fou, ce frère !

MADEMOISELLE DE VARANDEUIL.

Quoi, malade comme tu es... et toujours avoir la tête à ces bêtises !

SCÈNE V

GERMINIE, MADEMOISELLE DE VARANDEUIL, LA TROISIÈME CRÉANCIÈRE.

(Même jeu de la troisième créancière près de Germinie que le jeu du second créancier.)

MADEMOISELLE DE VARANDEUIL.

Mais il me semble que c'est une figure de notre rue.

GERMINIE, comme absorbée en elle-même

Oui, de notre rue.

MADEMOISELLE DE VARANDEUIL.

Tu es fatiguée... Je vais te laisser... Voyons, dis-moi, as-tu quelque caprice, quelque envie?... On m'a dit qu'il y avait dans ce moment du beau raisin chez Chevet... Veux-tu que je t'en apporte la prochaine fois ?

GERMINIE.

Merci bien... je n'ai envie de rien... et puis ça coûte... et je ne veux pas que mademoiselle dépense encore pour moi...

MADEMOISELLE DE VARANDEUIL, tendrement.

Bête d'imbécile, va.

SCÈNE VI

GERMINIE, MADEMOISELLE DE VARANDEUIL, QUATRIÈME CRÉANCIÈRE, CINQUIÈME CRÉANCIER.

Une quatrième créancière apparaît au pied du lit, suivie d'un cinquième créancier qui reste à quelques pas en arrière.)

MADEMOISELLE DE VARANDEUIL, se levant pour s'en aller.

Eh bien, j'espère qu'on te cajole ?

GERMINIE, avec une voix singulière.

Ah oui... on me cajole ! (Elle se penche pour embrasser les mains de mademoiselle de Varandeuil.)

MADEMOISELLE DE VARANDEUIL, dégageant ses mains et lui tendant les bras.

Va, dans mes bras, ma pauvre fille... toi qui vis avec moi depuis quinze ans... Est-ce que tu n'es pas plus ma parente que bien des gens de ma famille? (Elle l'embrasse et disparaît dans le fond, pendant que la quatrième créancière prend sa place, et que le cinquième créancier s'établit de l'autre côté du lit.)

DIXIÈME TABLEAU

DIXIÈME TABLEAU

La chambre de Mademoiselle de Varandeuil.

SCÈNE PREMIÈRE

MADEMOISELLE DE VARANDEUIL, LE PORTIER.

MADEMOISELLE DE VARANDEUIL, en son vêtement du coin de feu, assise, affalée dans une pose de désolation.

Alors c'est fini... Oh bien sûr, sans mes gueuses de douleurs...

LE PORTIER, une calotte de velours à la main, en redingote noire, avec la mine de componction d'un retour d'enterrement.

Dieu merci... la pauvre fille ne souffre plus.

MADEMOISELLE DE VARANDEUIL.

Tenez, je n'ai pas la tête à moi, aujourd'hui... Mettez les quittances et le restant de l'argent sur la cheminée... Nous compterons un autre jour.

LE PORTIER, restant debout devant elle, sans bouger, en faisant passer
sa calotte d'une main dans l'autre, et au bout d'un instant.

C'est cher, mademoiselle, pour se faire enterrer...
Il y a d'abord...

MADEMOISELLE DE VARANDEUIL, interrompant hautainement.

Qu'est-ce qui vous a dit de compter ?

LE PORTIER, continuant sans s'émouvoir.

Une concession à perpétuité, comme vous m'avez
dit : ça ne se donne pas... Vous avez beau avoir bon
cœur, mademoiselle, vous n'êtes pas trop riche... On
sait ça, et alors on s'est dit : Mademoiselle va avoir
pas mal à payer... Eh bien, si on lui économisait la
concession, ce serait toujours autant... L'autre sera
toujours bien sous terre... Et puis qu'est-ce qui peut
lui faire plus de plaisir là-haut?... C'est de savoir
qu'elle ne fait de tort à personne, la brave fille !

MADEMOISELLE DE VARANDEUIL, impatientée par les circonlocutions
du portier.

Payer... quoi ?

LE PORTIER.

Allez, ça ne fait rien, elle vous était attachée tout
de même... Et puis, quand elle était bien malade, ce
n'était pas le moment... Du reste, il ne faut pas vous
gêner... Ça ne presse pas... C'est de l'argent qu'elle
devait depuis des temps. (Tirant de la poche intérieure de sa
redingote un papier timbré.) Tenez, c'est ça... Je ne voulais
pas qu'elle fît un billet, c'est elle...

MADEMOISELLE DE VARANDEUIL, attrapant ses grosses lunettes
sur la cheminée.

Je lis bien, n'est-ce pas?...c'est une reconnaissance

de trois cents francs à votre profit, payable de mois en mois, par acomptes. (Elle lui rend le billet.)

LE PORTIER.

Et il n'y a rien... vous voyez au dos.

MADEMOISELLE DE VARANDEUIL, ôtant ses lunettes.

Je payerai. (Le portier s'incline, mais reste immobile.) C'est tout... j'espère. (D'un ton brusque.)

LE PORTIER, regardant fixement une bande du tapis.

C'est tout... si on veut.

MADEMOISELLE DE VARANDEUIL.

Mais comment la malheureuse doit-elle?... Je lui donnais de bons gages... Je l'habillais presque... A quoi son argent passait-il?

LE PORTIER.

Voilà, mademoiselle... Je n'aurais pas voulu vous le dire... mais autant aujourd'hui que demain... Et puis il vaut mieux que vous soyez prévenue... Quand on sait, on s'arrange... Il y a un compte de la marchande de volailles... La pauvre fille doit un peu partout... Elle n'avait pas beaucoup d'ordre dans les derniers temps... La blanchisseuse, la dernière fois, a laissé son livre... Ça va assez haut... Je ne sais plus... Il paraît qu'il y a aussi une note chez l'épicier... et une vieille note... ça remonte à des années. il vous apportera son livre.

MADEMOISELLE DE VARANDEUIL.

Combien l'épicier?

LE PORTIER.

Dans les deux cent cinquante... Il y a beaucoup de vin à ce qu'il dit.

MADEMOISELLE DE VARANDEUIL.

J'en ai toujours eu à la cave...

LE PORTIER, continuant.

La crémière... oh, pas grand'chose... soixante-quinze francs... il y a de l'absinthe et de l'eau-de-vie.

MADEMOISELLE DE VARANDEUIL.

Elle buvait?

LE PORTIER, ne répondant pas à la question.

Ah! voyez-vous, mademoiselle, ç'a été son malheur de connaître les Jupillon... le jeune homme... Ça n'était pas pour elle ce qu'elle en faisait... Et puis le chagrin... Elle s'est mise à boire... Elle espérait l'épouser, faut vous dire... Elle lui avait arrangé une chambre... Quand on se met dans les mobiliers, ça coûte gros... Elle se détruisait, figurez-vous... J'avais beau lui dire de ne pas s'abîmer à boire comme cela... Moi, vous pensez, quand elle rentrait à des six heures du matin, je n'allais pas vous le dire... C'est comme son enfant! (Sur un geste d'horreur de mademoiselle de Varandeuil.) Oh, une fière chance qu'elle soit morte, cette petite! (Sur un ton gai.) Ça ne fait rien, on peut dire qu'elle a fait la noce... et une rude! (Sur un ton triste.) Voilà pourquoi le terrain, moi si j'étais que vous... Elle vous a assez coûté, mademoiselle, tant qu'elle a mangé votre salade... Et vous pouvez la laisser là où elle est... avec tout le monde.

MADEMOISELLE DE VARANDEUIL.

Ah, c'est ainsi... Ça volait pour des hommes... Enfin la voilà crevée, la chienne!... Un enfant, voyez-vous ça... la guenippe... Ah bien oui, elle peut pourrir où elle est... Vous avez bien fait, monsieur Henri... Dans le trou, dans le trou... parbleu, c'est assez bon pour elle! (Un silence au bout duquel elle reprend.) Dire que je lui laissais toutes mes clefs... Je ne comptais jamais... Oui, de la confiance bien placée, merci... Je payerai... mais ce n'est pas pour elle... Et moi, qui donne ma plus belle paire de draps pour l'ensevelir... Ah, si j'avais su, je t'en aurais donné du torchon de cuisine... mademoiselle comme je danse. (Puis des mots qui s'étouffent et s'étranglent dans la voix de mademoiselle de Varandeuil, qui se met à sangloter tout en voulant s'en empêcher.)

(Le portier sort.)

SCÈNE II

MADEMOISELLE DE VARANDEUIL, seule.

MADEMOISELLE DE VARANDEUIL, restant très longtemps silencieuse, puis recommençant à parler des larmes dans la voix.

Germinie, ma Germinie... Est-ce possible?... Une traînée... donnant son corps à tous ceux qu'elle trouvait sur son chemin... Et l'ivrognerie, elle était descendue jusque-là... Une soûlarde, quoi!... c'était cette bonne que j'ai crue le dévouement en personne. (Avec un geste de répulsion en arrière comme si sa main repoussait une ombre.) Fi, fi, la vilaine!... Comme elle m'a trompée... Elle faisait si bien semblant de m'aimer, la scélérate!... Et ses soins, et ses tendresses, et l'amour de ses lèvres, tout, tout, des mensonges! (Se montant et s'exaltant.) Au fond, j'en suis aujourd'hui certaine... elle souhaitait ma mort, elle l'appelait par des désirs assassins... Qui sait?... Oui, si elle vivait encore, j'irais la dénoncer au commissaire de police. (E... devient silencieuse un moment, pendant lequel elle s'enfonce tout au fond de son fauteuil, ses mains goutteuses, aplaties sur les cuisses, puis reprenant d'une voix adoucie.) Et cependant j'ai là (Elle se touche le front) le ressouvenir de choses mystérieuses qui s'éclairent aujourd'hui, dans ce moment même... oui des agenouillements de la pauvre fille qui semblait vouloir se confesser... des mouvements de lèvres, où il y avait comme un secret prêt à sortir, à venir à moi ! (Soudain après deux ou trois mouvements de corps saccadés, jetant au milieu de la pièce son serre-tête noir et criant :) Tais-toi, tais-toi, mon cœur de vieille ganache ! (Puis se levant tout droit, ses cheveux gris épandus autour d'elle, les bras levés en l'air.) Non jamais, jamais de pardon ! (Elle retombe dans son fauteuil, où elle reste immobile, pétrifiée, songeuse, puis parlant comme dans un rêve.) Ah cette porte jaune sur laquelle il y avait écrit : AMPHITHÉÂTRE, et l'homme au brûle-gueule... et cette bière à demi ouverte... où on la voyait les cheveux tout droits sur la tête... Ah ces terribles cheveux rebroussés... je ne pourrai jamais les oublier... J'ai entendu dans mon enfance raconter des choses sur les gens qui meurent avec les cheveux comme ça... on disait qu'il fallait avoir de la pitié pour eux... que c'était chez les mourants le signe d'une terreur des actions de leur vie... la marque d'épouvantables remords. (Elle se met à marcher d'un bout de la chambre à l'autre.) Oh oui, il y avait bien de la souffrance sur sa pauvre tête... une souffrance d'expiation, presque de prière... la souffrance d'un visage de morte qui voudrait pleurer. (Elle fait encore un tour ou deux de la chambre, silencieuse.) Et puis n'y aurait-il pas ici-bas des malheureuses, qui seraient fatalement des créatures d'amour et de douleur? (S'arrêtant tout à coup et s'adressant à la femme de ménage qui travaille dans l'autre pièce, la porte ouverte.) Et vous l'autre... le diable soit de votre nom...

je l'oublie toujours... vite mes affaires... j'ai à
sortir.

SCÈNE III

LA FEMME DE MÉNAGE, MADEMOISELLE
DE VARANDEUIL.

LA FEMME DE MÉNAGE.

Ah, par exemple, mademoiselle... les toits...
regardez donc... ils sont tout blancs.

MADEMOISELLE DE VARANDEUIL.

Eh bien, il neige... voilà tout !

ÉPILOGUE

ÉPILOGUE

La fosse commune du cimetière Montmartre (d'après l'aquarelle de mon frère, janvier 1863).

Au-dessus d'un mur, contre lequel plaque un buisson de cyprès roussis par la gelée, un ciel d'hiver tout jaune, d'où se détachent les deux poteaux d'un ancien réverbère, et où tournent les ailes lentes d'un moulin.

Au second plan, un champ de croix ayant la fluctuation, le désordre, la débandade d'une foule en marche.

A droite, au premier plan, l'ouverture de la tranchée de la fosse commune, dont le trou est bouché en bas par des planches disjointes, entre lesquels on entrevoit un grand cercueil au milieu de deux petits, en haut par une feuille de zinc, à laquelle un ouvrier a accroché sa blouse.

Le seul bruit qu'on entend, est le bruit mat de la pelletée de terre, que rejette un ouvrier, caché par les croix et creusant une nouvelle tranchée.

Il neige.

MADEMOISELLE DE VARANDEUIL. Pantomime, où on la voit d'abord toute frissonnante, secouer la neige, puis s'arrêter au trou de la tranchée, et exprimer l'horreur qu'elle éprouve du lieu, dans une longue contemplation qui se termine par ces mots :

O Paris, ô fichue cochonne de ville... es-tu assez

12

avare de ta sale terre pour tes morts... sans le sou ! (Elle remonte alors la tranchée, et après avoir tiré de grosses lunettes, elle se penche sur les croix, épelant les noms.) Bon, me voilà aux croix du 8 novembre... c'est la veille de sa mort... Elle doit être tout près... Ça c'est les croix du 9... Il y en a en tout cinq des croix, ce jour-là... Enfin les croix du 10... C'est singulier... elle n'est pas dans le tas... tiens ce pauvre diable de mort... qui a pour croix une branche d'arbre cassée, avec une enveloppe de lettre ficelée autour... Voyons les croix du 11... oh ! mais, c'est ne pas possible... elle n'y est pas non plus... Alors donc les croix du 12... (Mademoiselle de Varandeuil fait un signe de découragement.) Revenons au 9... (Elle refait lentement l'examen des croix.) Pas plus là... que là... que là... Ah ! la misérable fille... il ne s'est trouvé personne pour lui acheter un bout de bois noir... elle n'a pas même la branche cassée qu'a celui-là... Allons, ce qui reste d'elle est à peu près ici ou là. (Elle s'agenouille) Ma pauvre Germinie... il faut prier au petit bonheur sur toi... ton corps, où il en a été comme de ton cœur... sur la terre, pour l'un comme pour l'autre... il n'y aura pas eu de place.

FIN

17302. — Imprimeries réunies, A, rue Mignon, 2. Paris.

www.ingramcontent.com/pod-product-compliance
Lightning Source LLC
Chambersburg PA
CBHW072100090426
42739CB00012B/2822